BIBLIOTHÈQUE DES ÉCOLES FRANÇAISES D'ATHÈNES ET DE ROME

PUBLIÉE

SOUS LES AUSPICES DU MINISTÈRE DE L'INSTRUCTION PUBLIQUE

FASCICULE SEPTIÈME

DU

ROLE HISTORIQUE

DE

BERTRAND DE BORN

(1175-1200)

PAR

Léon CLÉDAT

ANCIEN ÉLÈVE DE L'ÉCOLE DES CHARTES ET DE L'ÉCOLE PRATIQUE DES
HAUTES-ÉTUDES, ANCIEN MEMBRE DE L'ÉCOLE FRANÇAISE
DE ROME

PARIS

ERNEST THORIN, ÉDITEUR

LIBRAIRE DES ÉCOLES FRANÇAISES D'ATHÈNES ET DE ROME
DU COLLÉGE DE FRANCE ET DE L'ÉCOLE NORMALE SUPÉRIEURE

7, RUE DE MÉDICIS, 7

1879

BIBLIOTHÈQUE DES ÉCOLES FRANÇAISES D'ATHÈNES ET DE ROME

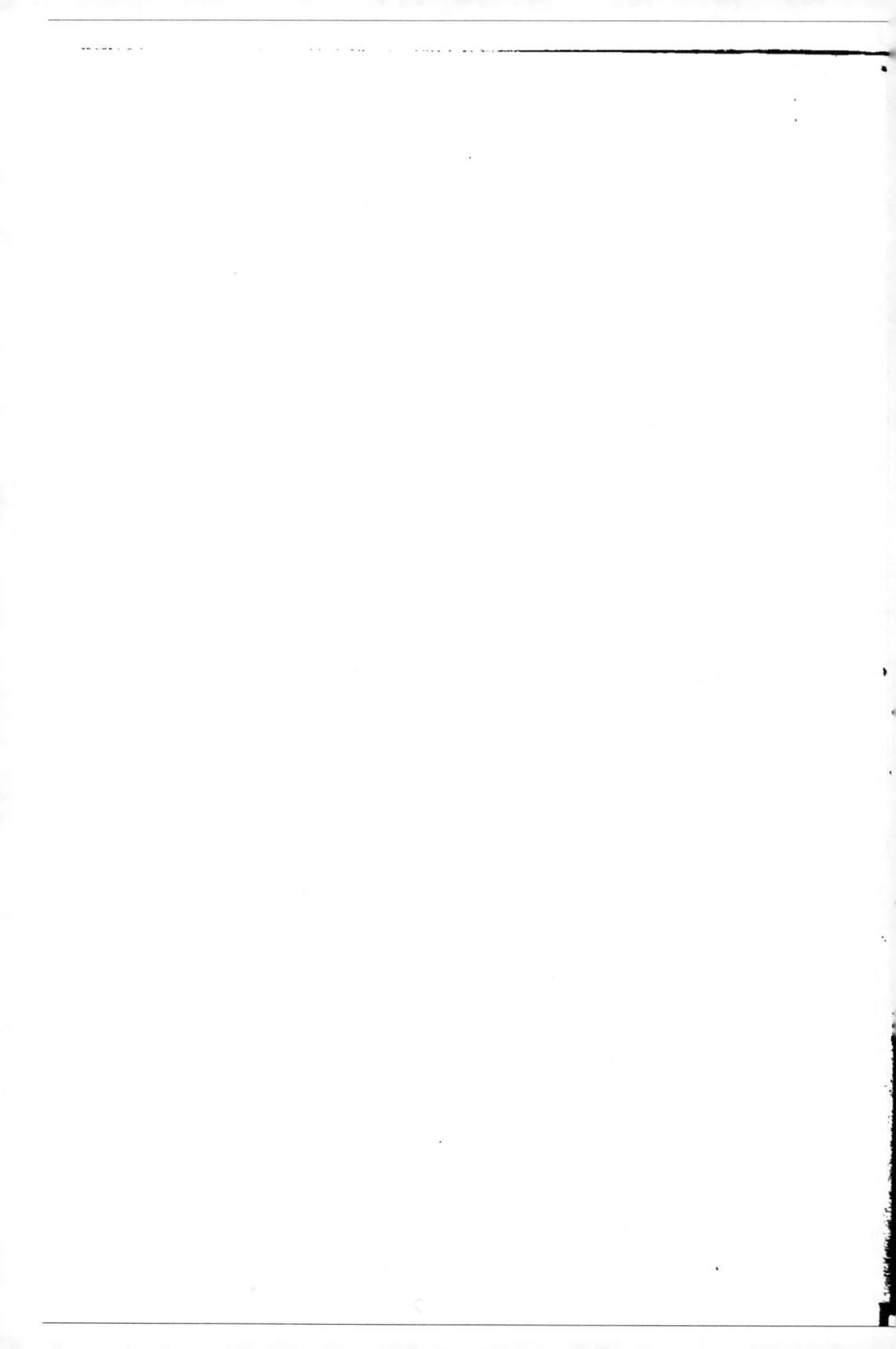

BIBLIOTHÈQUE

DES

ÉCOLES FRANÇAISES D'ATHÈNES ET DE ROME

FASCICULE SEPTIÈME

DU ROLE HISTORIQUE DE BERTRAND DE BORN (1175-1200), PAR M. LÉON CLÉDAT.

TOULOUSE. — IMPRIMERIE A. CHAUVIN ET FILS, RUE DES SALENQUES, 28.

DU

ROLE HISTORIQUE

DE

BERTRAND DE BORN

(1175-1200)

PAR

Léon CLÉDAT

ANCIEN ÉLÈVE DE L'ÉCOLE DES CHARTES ET DE L'ÉCOLE PRATIQUE DES
HAUTES-ÉTUDES, ANCIEN MEMBRE DE L'ÉCOLE FRANÇAISE
DE ROME

PARIS

ERNEST THORIN, ÉDITEUR

LIBRAIRE DES ÉCOLES FRANÇAISES D'ATHÈNES ET DE ROME
DU COLLÈGE DE FRANCE ET DE L'ÉCOLE NORMALE SUPÉRIEURE
7, RUE DE MÉDICIS, 7

——

1879

Oh! quand aquel faziò brounzma sa guitarro,
Dizon que lous pu frets se sention boulega
L'amo dedins lou corp e lou fèr dins la ma!

    (JASMIN, *La gleyzo descapelado*, t. 1, p. 392, de *Las Papillotos*.)

Oh! lorsque celui-là faisait résonner sa guitare,
On dit que les plus froids sentaient se remuer
Leur âme dans le corps et le fer dans la main.

PRÉFACE

Bertrand de Born appartient à la seconde moitié du douzième siècle. Il possédait, sur les limites du Périgord (1) et du Limousin, une seigneurie importante, grâce à laquelle il put prendre une part très-active aux événements de son époque, notamment aux luttes sans cesse renouvelées entre le roi d'Angleterre Henri II et ses fils rebelles, et plus tard aux guerres de Philippe-Auguste et de Richard Cœur de Lion. Le guerrier et l'homme politique étaient en lui puissamment aidés par le poëte : car il joignait à son activité militaire des qualités d'esprit et de style qui lui donnent le premier rang dans la littérature provençale du moyen âge. Il ne se lançait jamais dans une aventure sans avoir dirigé contre ses adversaires les plus violentes invectives et secoué l'indolence de ses alliés par un de ces vigoureux *sirventes*, sortes de pam-

(1) En 1840, une souscription, proposée par M. Mary-Lafon, fut ouverte dans le Midi, pour élever une statue de marbre à Bertrand de Born sur une des places publiques de Périgueux (Voir la lettre de M. Mary-Lafon dans l'*Echo de Vésone*, journal de Périgueux, du 30 mai 1840). Le monument fut même commandé à David d'Angers ; mais c'est là tout ce qu'on en sait. Très-probablement la souscription ne produisit pas les fruits qu'on attendait, quoique les villes de Toulouse et de Montauban y eussent adhéré. Toujours est-il que le projet resta sans exécution, et Bertrand de Born, faute de statue, a dû se contenter du roman en deux volumes que M. Mary-Lafon a consacré à sa mémoire.

1

phlets en vers, dont Villemain (1) a parfaitement caractérisé l'importance, en disant que c'était la liberté de la presse des temps féodaux.

Pour déterminer le rôle historique joué par Bertrand de Born, nous n'avons, en dehors de quelques lignes de la chronique de Geoffroy du Vigeois, et d'un passage de l'*Enfer* de de Dante (2), que l'œuvre même du troubadour, et sa biographie écrite par un de ses compatriotes un demi-siècle environ après sa mort. Ces deux sources, dont la valeur a été pour la première fois mise en lumière par Augustin Thierry, dans son *Histoire de la conquête de l'Angleterre*, exigent, pour être comprises et utilisées, un travail d'épuration et de contrôle, qui fait l'objet de la présente étude.

En effet, la biographie provençale de Bertrand de Born n'est autre chose qu'un commentaire détaillé d'un certain nombre de ses poésies. Ce commentaire, qui n'a aucune prétention à la rigueur historique, offre, à côté de beaucoup de faits et de renseignements nouveaux, un assez grand nombre d'erreurs matérielles sur les dates ou sur les circonstances, et aussi quelques récits de pure imagination. Il importe donc de faire le discernement des uns et des autres, et de contrôler le témoignage du biographe par celui des chroniqueurs de l'époque. Quant aux *sirventes* de Bertrand de Born, ce ne sont point des poésies descriptives où l'on puisse chercher le détail précis des faits : les renseignements historiques qu'on y trouve sont à l'état d'allusions rapides, quelquefois à peine indiquées. Ces allusions étaient, sans aucun doute, très-bien saisies par les contemporains, qui assistaient et prenaient part aux événements ; mais, à la distance

---

1) Voir les trois leçons consacrées à Bertrand de Born par Villemain, dans son *Cours de littérature française*.

2 Fin du chant XXVIII. — Dante nous montre Bertrand de Born condamné à porter sa tête à la main comme une lanterne, et lui fait expliquer ainsi son supplice : « Parce que je séparai des personnes aussi unies (que le roi d'Angleterre et son fils), je porte mon cerveau séparé, hélas ! de son principe qui est dans ce tronc. Ainsi s'observe en moi la peine du talion. »

qui nous sépare du douzième siècle, elles sont devenues, la plupart du moins, très-obscures pour nous. Il est indispensable, pour leur rendre un peu de clarté, d'étudier avec soin les chroniques contemporaines, et d'y relever tous les faits, sans négliger les plus insignifiants en apparence, sur lesquels peuvent porter les allusions. On voit sans peine quel degré de certitude atteint un fait raconté par une chronique, lorsqu'il se trouve confirmé par une allusion de Bertrand de Born. Nous sommes arrivé à fixer les dates du plus grand nombre des *sirventes*, et souvent avec une précision assez grande pour indiquer non-seulement l'année, mais encore le mois et presque le jour. Le résultat ainsi obtenu donne un caractère de certitude à beaucoup de faits déjà connus, mais qui n'étaient pas encore prouvés ; il permet d'ajouter à l'histoire acquise des détails nouveaux et intéressants ; il permet enfin de placer, à côté de chacun des événements importants de cette époque, une ou plusieurs poésies de circonstance, souvent très-belles au point de vue littéraire, où l'on voit se préparer les luttes et s'agiter les passions dont le développement constitue l'histoire du dernier tiers du douzième siècle.

Il nous reste près de cinquante sirventes ou chansons de Bertrand de Born. Le mot *sirventes*, d'après Diez (1), vient de *servir*, parce que c'est proprement un poëme composé par un ménestrel au service de son maître. Quoi qu'il en soit de cette étymologie, il est certain que les *sirventes* sont généralement des poésies satiriques. Les poésies de Bertrand de Born ont été presque toutes publiées dans les tomes II, III et IV, du *Choix de poésies des Troubadours* de Raynouard (2, et dans le premier volume de son *Lexique roman*. Parmi les pièces qui n'avaient pas été publiées par Raynouard, trois l'ont été depuis par Mahn dans les *Gedichte*

---

(1) *Etymolog. Wörterbuch der romanischen Sprachen*, 3ᵉ édition. — Voir aussi Littré, pour les autres formes du mot, *Dictionnaire de la langue française*.

(2) Avant Raynouard, de Rochegude avait publié trois pièces de Bertrand de Born dans le *Parnasse occitanien*.

der Troubadours, et trois dans l'*Archiv für das Studium der neueren Sprachen und literaturen* de Herrig. Enfin trois autres sont encore inédites (1).

Il n'existe pas d'édition critique de Bertrand de Born (2). Raynouard ne s'est servi, pour chaque pièce, que de deux ou trois manuscrits : il aurait fallu souvent en consulter une dizaine. Quant aux publications de Mahn et à celles du docteur Grüzmacher dans l'*Archiv* de Herrig, ce sont des reproductions plus ou moins fidèles, d'un manuscrit pris en particulier, mais ce ne sont pas des éditions critiques. Bartsch, dans sa *Chrestomathie provençale*, est le seul qui ait traité Bertrand de Born avec tous les honneurs de la méthode philologique moderne; mais il ne l'a fait que pour deux pièces, et encore n'a-t-il pas consulté tous les manuscrits. Il y a donc lieu d'entreprendre une nouvelle édition de Bertrand de Born; j'en ai réuni les matériaux, et j'espère pouvoir prochainement les mettre en œuvre.

La biographie provençale de Bertrand de Born a été également publiée par Raynouard dans le tome V de son *Choix de Poésies des Troubadours*. Cette biographie ne se trouve que dans cinq manuscrits; deux sont à Paris, les nos 854 et 12473 de la Bibliothèque nationale, et trois sont en Italie : à la Bibliothèque Chigi de Rome (3), à la Bibliothèque Riccardi de Florence (4), et à la Bibliothèque Ambrosienne de Milan (5).

(1) Pour compléter ces renseignements, nous devons ajouter que toutes les pièces publiées par Raynouard ont été réimprimées telles quelles dans le premier volume de *Die Werke der Troubadours* de Mahn. En outre, quelques-unes ont fait l'objet de publications particulières, d'après certains manuscrits, dans les recueils spéciaux, notamment dans les *Gedichte der Troubadours* de Mahn, dans l'*Archiv* de Herrig, etc. Je crois inutile d'insister sur ces publications, qui ne sont pas des éditions proprement dites, mais des matériaux pour une édition à venir.

(2) J'apprends qu'il va en paraître une en Allemagne. On la doit à M. Albert Stimming, professeur à l'université de Kiel.

(3) No L. IV, 106.

(4) No 2981.

(5) No 465.

Ces cinq manuscrits, comme nous l'établirons dans notre
Appendice sur le classement des manuscrits de Bertrand de
Born, peuvent se ramener à deux types représentés l'un par
le manuscrit de Paris 854, l'autre par le manuscrit de la Bibliothèque Chigi. Nous avons déjà eu l'occasion de dire que
la biographie de Bertrand de Born est constituée par une
suite de commentaires ou *razos* (1) sur un certain nombre
de ses poésies. Or nos deux types de manuscrits ne diffèrent
guère entre eux que par l'ordre dans lequel les commentaires sont présentés. Comme cet ordre n'a rien de chronologique ni dans l'un ni dans l'autre, la question est de savoir
quel est, du manuscrit de Paris ou du manuscrit Chigi, celui
qui reproduit le plus exactement l'ordre primitif et original.
Diverses raisons, pour lesquelles nous renvoyons encore à
notre Appendice, nous font incliner en faveur du manuscrit
Chigi. C'est donc ce manuscrit qui devra être suivi, quant à la
succession des *razos*, pour une nouvelle édition de la biographie (2). Raynouard a eu le tort d'adopter un ordre chronologique approximatif, ce qui ne peut que dénaturer une œuvre
dont le fond seul est historique, et dont la forme et la suite
relèvent de la libre fantaisie du narrateur. Si l'on voulait
adopter rigoureusement l'ordre chronologique, il faudrait
commencer par la *razo* d'*Un sirventes on motz*, dont les premiers mots sont : « Bertrand de Born, *comme je vous l'ai dit
dans une autre razo.* » Il est certain que le terme de *Biographie* est inexact pour désigner une réunion de *razos*; nous
l'emploierons cependant, parce qu'il est commode : il suffit
d'avoir fait remarquer que cette *biographie* est un ensemble
d'arguments et de commentaires.

L'ouvrage le plus considérable, comme volume, qui ait été
écrit sur Bertrand de Born, est certainement le *Tyrtée du*

(1) Le mot provençal *razo* est le même que le mot français *raison*. L'auteur
de la biographie donne la *raison* des poésies de Bertrand de Born.

(2) Cet ordre n'est point encore absolument l'ordre primitif, car la *razo* de
Quan rey pels précède celle de *Pois lo gens*, qu'elle devrait suivre, puisqu'elle
s'y réfère.

moyen âge de M. Laurens (1). Quoique le titre, *a priori*, n'inspire pas une grande confiance, quelques phrases de la préface et un certain nombre de notes pourraient faire illusion à ceux qui n'auraient pas le loisir de contrôler les affirmations de l'auteur (2) : c'est ce qui nous oblige à parler de cet ouvrage avec quelques détails. M. Laurens nous dit dans sa préface : « Ce livre, que je n'aurais pas composé si je ne l'eusse cru destiné à combler une lacune regrettable, constitue donc aujourd'hui, je ne crains pas de l'affirmer, la seule histoire complète et authentique de Bertrand de Born. » Un peu plus loin, l'auteur nous apprend qu'il est allé puiser « à la source la moins suspecte, aux archives même d'Hautefort, » et, en effet, à trois reprises dans le courant de son livre (3), il cite ces archives comme sa principale autorité. Nous ne doutons point que M. Laurens ait vu les archives d'Hautefort, puisqu'il l'affirme ; mais tous les faits à propos desquels il invoque leur témoignage sont des faits depuis longtemps établis, qui nous sont connus d'une autre façon, soit par le cartulaire de Dalon, soit par les chroniques. Il faut remarquer, en outre, que M. Laurens ne cite jamais les archives d'Hautefort qu'en termes généraux, sans jamais apporter à l'appui de son dire un texte ou une charte. Ainsi donc la connaissance plus ou moins sérieuse qu'il a eue des archives d'Hautefort n'ajoute aucune valeur à son livre (4). D'autre part, le procédé de M. Laurens, aussi simple que peu

(1) 300 pages in-8°. Chez Gedalge jeune. Paris, 1863. Une seconde édition, qui a le tort d'être absolument conforme à la première, a paru chez le même libraire en 1875.

(2) Le *Lexique de la conversation* (Leipzig, 1864) a puisé dans le *Tyrtée du moyen âge* la biographie qu'il donne de Bertrand de Born. Il était difficile d'avoir la main plus malheureuse.

(3) P. 54, 150 et 272.

(4) Ces lignes étaient écrites, lorsqu'il m'a été possible de pénétrer dans les archives d'Hautefort. J'ai pu constater qu'aucune pièce de ces archives ne remonte à notre Bertrand de Born. J'ai trouvé seulement un *Mémoire historique*, composé *au commencement du dix-huitième siècle* ; les passages de ce *Mémoire* qui sont relatifs à l'époque de Bertrand de Born ont été écrits d'après le *Cartulaire de l'abbaye de Dalon* et d'après la *Chronique de Geoffroy du Vigeois*.

historique, consiste à prendre, sans le moindre discernement, tous les traits que l'on rapporte de Bertrand de Born,
et à les raconter avec une grande abondance de détails pure-
ment imaginaires. Pour ne citer qu'un exemple, le chroniqueur Geoffroy du Vigeois nous dit qu'Aymeline, fille de Bertrand de Born, épousa Seguin de Lastours : c'est là tout ce
qu'on sait de ce mariage, que l'auteur du *Tyrtée* trouve
moyen de raconter en cinq pages. Il nous apprend — est-ce
dans les archives d'Hautefort qu'il a puisé ces détails? —
qu'Aymeline de Born avait une démarche à la fois digne et
modeste, un regard doux et pénétrant, que les bons villageois
de Born et d'Hautefort, la veille du jour fixé pour le mariage
suspendirent, d'un commun accord, les travaux des champs,
pour donner à leur jeune maîtresse un témoignage de leur
attachement, que les jeunes filles en robes blanches, avec
ceintures d'azur, formaient la haie dans la cour intérieure
du château, etc., etc.

Nous n'insisterons pas. Il faut cependant, pour être juste,
reconnaître que M. Laurens a fait usage du cartulaire inédit
de Dalon, dont il donne quelques extraits.

Les seules études critiques qui aient été publiées sur Bertrand de Born sont celles de Diez, dans ses deux ouvrages
sur les Troubadours (1), particulièrement dans *Leben und
Werke der Troubadours*. On peut également citer avec éloge,
pour ce qui concerne les rapports de Bertrand de Born avec
les rois d'Aragon, l'ouvrage de don Manuel Milá y Fonta-
nals (2), sur les troubadours en Espagne.

C'est dans cette œuvre de *seconde main* que M. Laurens a certainement puisé
les quelques renseignements qu'il dit provenir des archives d'Hautefort. — Je
suis heureux de pouvoir remercier ici M. le comte de Damas, qui a bien voulu
m'autoriser à fouiller les archives de son château d'Hautefort, et je dois dire
aussi que les indications obligeantes de M⁽ᵐᵉ⁾ la comtesse de Cumont, sur la con-
stitution et le classement de ces archives de famille, m'ont été fort utiles.

(1) *Die poesie der Troubadours* (Zwickau, 1826 et *Leben und Werke der Troubadours* (Zwickau, 1829). Il existe une traduction française du premier ouvrage
par de Roisin.

(2) *De los Trovadores en España* (Barcelone, 1861).

En dehors des travaux de Diez et de Milá, tout ce qui a été
écrit sur Bertrand de Born a pour source unique la biographie
provençale. Toutes les histoires du Midi, tous les ouvrages
sur les troubadours, notamment ceux de Nostradamus, de
Papon (*Voyage littéraire en Provence*), de Millot (*Histoire littéraire des troubadours*), en parlent d'après cette source : il
en est de même pour les articles des biographies universel-
les (1), et pour ceux que les journaux de Périgueux ont consacrés, à diverses époques, à Bertrand de Born. Parmi ces
derniers nous devons une mention spéciale à ceux de M. Léon
Dessalles (2), et à une polémique de l'abbé Audierne (3)
contre l'auteur du *Tyrtée du moyen âge*. Nous citerons, en
outre, un article de M. de Calvimon dans le *Montaigne* (4) :
l'auteur y annonce la publication de deux volumes qu'il prépare sur le même sujet ; mais cette publication est restée à
l'état de projet.

Quant à l'*Histoire littéraire de la France*, l'article qu'elle
consacre à Bertrand de Born, sans apporter à la question aucun élément nouveau, a le mérite de protester contre les
théories brillantes de l'*Histoire de la conquête de l'Angleterre*.

---

(1) Comme on va souvent chercher dans ces biographies des renseignements
tout préparés sur les personnages dont on ne s'occupe qu'accessoirement, il
n'est peut-être pas inutile de relever ici deux grosses erreurs qui se sont glis-
sées dans l'article de la *Nouvelle biographie générale* sur Bertrand de Born : la
première consiste à rejeter en 1185 la lutte entre Henri le Jeune et Richard
Cœur de Lion ; la seconde, à placer après la croisade de 1190 un soulèvement
de l'Aquitaine organisé par Bertrand de Born.

(2) Dans l'*Echo de Vésone* en 1839, et dans le *Conservateur de Périgueux*
d'avril 1840.

(3) Dans l'*Echo de Vésone* de février, mars et avril 1860.

(4) Année 1836, p. 27.

CHAPITRE PRÉLIMINAIRE.

SOURCES DE L'HISTOIRE DE FRANCE PENDANT LA SECONDE MOITIÉ
DU DOUZIÈME SIÈCLE.

Les sources dont nous devons nous occuper ici sont de deux
sortes : les documents manuscrits et les documents imprimés.

I

La première classe est malheureusement peu fournie.

Le château d'Hautefort, qui joue un si grand rôle dans la
vie militaire de notre héros, possède, il est vrai, des archives
importantes. Mais elles ne contiennent aucun document pouvant éclairer l'histoire de Bertrand de Born (1). On avait cru,
sur la foi du *Chroniqueur du Périgord et du Limousin* (2), qu'elles
remontaient à l'an 1000 : nous pouvons affirmer qu'il n'en est
rien. Le *Chroniqueur du Périgord* s'est trop fié à un certain
tableau généalogique « de la très-ancienne et très-puissante
maison d'Hautefort *depuis l'an 1000* jusqu'en 1696. » Ce tableau,
qui porte le n° 19 dans la liasse 96, fait en effet mention d'un
acte de mariage, daté de 1022, qui se trouverait dans les archives
du château (mariage entre *Bernard* premier d'Hautefort et dame
Marie de Massaud). Nous avons vainement cherché cet acte de

(1) Voir ci-dessus, p. 6, n. 4.
(2) Mars 1854, page 72.

1022 ; mais, en revanche, nous avons trouvé (liasse 1, n° 1) un acte *de 1209*, constatant le mariage de *Bernard* du Luc avec *Marie de Massac*. Il est assez naturel de penser que l'acte prétendu de 1022 et celui de 1209 doivent être identifiés. Cette conclusion est d'autant plus assurée que notre acte de 1209 porte au dos un ancien numéro de cote qui n'est autre que 1022. C'est donc ce numéro 1022, vestige d'un ancien classement des archives, qui a été pris pour une date par l'auteur du *Tableau généalogique*.

Nous devons parler en second lieu du cartulaire de l'abbaye de Dalon, dont il existe une copie, faite à la fin du dix-septième siècle, sous le n° 17120 du fonds latin de la Bibliothèque nationale (200° volume de Gaignières). L'abbaye de Dalon, fondée en 1114 (1), était située tout près du château d'Hautefort et de la terre de Born, et plusieurs membres de la famille de Born, y compris le troubadour Bertrand, interviennent fréquemment dans les actes relatifs à cette abbaye. C'est ce qui fait, à notre point de vue, l'importance du cartulaire. Nous ferons remarquer que non-seulement nous n'avons pas les originaux des actes qui ont été copiés dans le cartulaire, mais que nous ne connaissons le cartulaire lui-même que par une copie. On comprend aisément qu'à travers cette double transcription les noms de lieux et de personnes aient pu subir de graves altérations. Nous aurons l'occasion de constater le fait et de rectifier le manuscrit de Paris. Quant à l'ordre suivi dans le cartulaire, c'est une combinaison assez confuse de l'ordre chronologique et de l'ordre topographique, et malheureusement beaucoup d'actes ne sont pas datés.

II

Parmi les textes imprimés dont nous aurons à nous servir, nous citerons en première ligne la Chronique de Geoffroy du Vigeois, puisque c'est la seule qui parle de Bertrand de Born.

Geoffroy du Vigeois (2) (*Gaufredus Vosiensis*) (3) est né vers le milieu du douzième siècle, à Clermont, près d'Excideuil. Son père se nommait Geoffroy de Breuil (4) Par sa mère, il était pa-

---

(1) Voir le *Cartulaire*, page 1, et le *Gallia Christiana*, tome II, col. 623.

(2) Vigeois est aujourd'hui un chef-lieu de canton de l'arrondissement de Brives, dans la Corrèze.

(3) Labbe, *Nova bibliotheca*, t. II, p. 280. *Historiens de France*, t. X, p. 267, t. XI, p. 288 ; t. XII, p. 421 ; t. XVIII, p. 211.

(4) Ces renseignements nous sont donnés par Geoffroy lui-même, au ch. LXI

rent des seigneurs de Lastours (1). Ce détail est important, parce que nous aurons occasion de citer sa généalogie de la famille de Lastours; en outre, la famille de Born, comme l'établit précisément cette généalogie, était alliée à la famille de Las Tours, et, à ce titre, elle devait intéresser particulièrement Geoffroy du Vigeois. Il fut élève de l'école de Saint-Martial de Limoges, et il nous apprend qu'il habitait Limoges, comme tel, en 1151 (2). Il fut ordonné prêtre en 1167 (3). C'est en 1178 (4) qu'il fut fait prieur de l'abbaye du Vigeois, dignité à laquelle il doit le nom sous lequel il est connu.

Sa chronique est quelquefois appelée *Chronique de Saint-Martial*, notamment par l'auteur de la Chronique de Saint-Martin de Limoges. Elle est en deux parties : la première, faisant suite à Adhémar de Chabannes, commence à la mort du roi Robert et va jusqu'au carême de l'année 1182 ; la deuxième commence aux fêtes de Pâques de la même année et s'arrête, au moins dans l'état actuel des éditions, au 26 février 1184. Geoffroy composait son Histoire, comme il nous le dit lui-même, en 1183 : « Ego siquidem Gaufredus ista dictavi anno Incarnationis Dominicæ MCLXXXIII (5). » On comprend aisément l'importance de cette chronique au point de vue qui nous occupe : écrite en Limousin par un compatriote, un contemporain et presque un parent de

de la première partie de sa *Chronique* : « ... Raymundus (S. Augustini Lemovicensis abbas) cognomento de Bennac filius sororis cujusdam viri de Castro Exidolio, qui Peys Bernard Ramnolfi Lopix cognominatus est, cujus aliam sororem Eufemiam habuit Ademarus de Breuil, de quâ genuit Gaufredum patrem meum et fratris mei Ademari, quorum domus est in villâ S. Mariæ Clarimontis super Exidolium castrum. » (*Histor. de France*, t. XII, p. 442, en note.)

(1) Chap. LXVI : « Ego tunc Subterraneæ degebam, cùm genitrix mea die ipso apud Clarimontem Exidolii obiret. Hæc Lucia filia Bernardi Marches de sorore Guidonis et Alduini seniorum de Nobiliaco, qui nepotes exstiterunt Guidonis, Geraldi et Gulferii de Turribus. » (*Histor. de France*, t. XII, p. 442.)

(2) Chap. LIII : « His diebus abbas Ebolus Tutelensis ad synodum veniens.... nocte apud S. Martialem expiravit... Iste honorificè ab omnibus qui convenerant ad synodum, rogante Pontifice Geraldo, ante januas S. Austricliniani prope tumulum conditur Præsulis Guillermi. Ego Gaufredus eram tunc præsens puerulus in schola. » (*Histor. de France*, t. XII, p. 437.)

(3) Chap. LXVI : « ... anno MCLXVI... Geraldus Episcopus Cadurcensis apud Beneventum fecit ordines in Vigilia Matthæi Apostoli anno sequenti meque ibi ordinavit Presbyterum. » (*Histor. de France*, t. XII, p. 441.)

(4) Chap. XXII : « .. anno Incarnationis Dominicæ MCLXXXIII... Ego quintum annum tunc Prioratûs mei in Cœnobio Vosiensi expleveram. » (*Histor. de France*, t. XII, p. 421.)

(5) *Histor. de France*, t. XII, p. 421.

Bertrand de Born, elle ne peut manquer de nous donner sur ce personnage et sur les circonstances au milieu desquelles il a vécu les renseignements les plus précieux et les plus sûrs.

L'abbe s'est servi pour son édition de quatre manuscrits qu'il déclare lui-même très-défectueux. Les éditeurs des *Historiens de France* n'ont pas été plus heureux : D. Brial se plaint de n'avoir pu rencontrer un seul manuscrit entier. Le texte donné par les Bénédictins est malheureusement scindé en quatre fragments et partagé entre quatre volumes différents : de plus, la partie généalogique mêlée à l'œuvre en est détachée et mise à part.

D. Brial a fait usage, pour la première partie de la chronique, d'un manuscrit de Saint-Germain-des-Prés, et, pour la seconde : 1° du n° 5452 de la Bibliothèque nationale qui contient (f. 72) des extraits de notre chronique faits par Pierre Coral, abbé de Saint-Martin de Limoges, et 2° du tome XLIV de Baluze (anc. liasse 4, n° 2) où l'on trouve (p. 88) des variantes recueillies par Justel d'après un manuscrit de Claude Lescure, chanoine de Limoges. Les manuscrits de l'ancien fonds Saint-Germain (n°ˢ 1071² et 1391) qui contiennent la chronique de Geoffroy du Vigeois, sont aujourd'hui les n°ˢ 13894 et 13895 du fonds Latin.

Nous dirons immédiatement quelques mots d'un autre Limousin, dont l'œuvre est beaucoup moins importante, Bernard Itier.

La chronique de Bernard Itier (1), dont nous invoquerons le témoignage pour fixer la date approximative de la mort de Bertrand de Born, se présente à nous sous la forme singulière d'une succession de notes écrites sur les marges de plusieurs manuscrits. Ces manuscrits, qui sont à la Bibliothèque nationale, proviennent du monastère de Saint-Martial de Limoges, dont Bernard Itier était précisément bibliothécaire. Le plus important est le n° 1338, où les notes sont entassées dans les espaces blancs du texte liturgique.

Bernard Itier est un chroniqueur soigneux et exact, en qui on peut avoir toute confiance. Il mourut le 27 janvier 1225 comme nous l'apprend un de ses successeurs dans une note du manuscrit 1338 (f° 148 v°) (2). Pour plus de détails sur cette Chronique et

---

(1) *Histor. de France*, t. XVIII, p. 223. — *Chroniques de Saint-Martial de Limoges*, dans la collection de la *Société d'Histoire de France*.

(2) Page 237 des *Historiens de France*, et p. 119-120 de l'édit. Duplès-Agier : « Anno ab incarnatione Domini MCCXXIV, VI kal. febroarii, obiit B. Iterius armarius hujus loci... » Comme la date indiquée est avant Pâques, elle se place

sur les manuscrits qui la contiennent, voir la préface de M. Duplès-Agier (*Chroniques de Saint-Martial de Limoges*).

Il y a une troisième chronique limousine : celle de Saint-Martin de Limoges.

Cette chronique (1) est probablement de Pierre Coral, qui fut
abbé de Saint-Martin de 1247 à 1276. Elle n'est pas originale pour
la partie qui nous intéresserait : l'auteur y copie Rigord, Bernard
Itier, Geoffroy du Vigeois.

La chronique dont nous ferons le plus grand usage, après celle
de Geoffroy du Vigeois, est celle qui a été longtemps attribuée à
Benoît de Peterborough (2).

Les *Gesta regis Henrici secundi* (3) ont longtemps été considérés
comme l'œuvre de Benoît de Peterborough. Dans le XVIIᵉ volume des *Historiens de France* (4) Dom Brial rectifie cette attribution, d'après le témoignage de Robert Swapham, moine de Peterborough, qui vivait au milieu du treizième siècle, et qui, parlant des ouvrages de Benoît, dit en propres termes : « Unum
composuit egregium volumen de passione et miraculis santi
Thomæ... Plurimos quoque libros *scribere fecit*, quorum nomina
subnotantur, Vetus et Novum Testamentum... Summam Petri He-
liæ de grammatica cum multis aliis rebus in uno volumine, *Gesta
regis Henrici II* et genealogiam ejus, etc. » Ce passage avait été
signalé à Dom Brial par Henri Petrie : il en résulte évidemment
que Benoît de Peterborough n'est pas l'auteur de la chronique qui
nous occupe, et que son rôle s'est borné à la faire transcrire par
les moines dont il avait la direction.

Il existe deux familles de manuscrits pour les *Gesta Henrici II* :
l'une qui se rattache au manuscrit *Julius A. XI*, de la Bibliothè-

dans l'année 1225, d'après notre usage actuel de commencer les années au
1ᵉʳ janvier.

(1) *Histor. de France*, t. XII, p. 454 ; t. XVIII, p. 238.

(2) Nous devons noter une différence importante, au point de vue chronologique, entre les chroniques françaises et les chroniques anglaises de cette époque. Les premières commencent l'année à Pâques et les secondes à Noël.

(3) W. Stubbs, *Gesta regis Henrici secundi Benedicti abbatis*. Londres, 1867.
(Cette édition, précédée d'une importante préface, forme deux volumes
de la collection des *Rerum Britannicarum medii ævi scriptores*.) — Collection
des *Historiens de France*, XIII, p. 142, et t. XVII, p. 436.

(4) Voir aussi Hardy, p. 494-495 du 2ᵉ volume de son *Catalogue of the Mate-
rials of British History*.

que Cottonienne : l'autre au manuscrit *Vitellius E. XVII*, de la même Bibliothèque. La différence essentielle entre ces deux manuscrits consiste en ce que le premier ne va que jusqu'en 1177, tandis que le second s'étend jusqu'en 1192. L'un et l'autre commencent en 1169. On en trouve la description, d'après Wanley, à la page LXV de la préface de Stubbs. Le manuscrit Vitellius fut considéré longtemps comme ayant péri dans l'incendie d'Ashburnham-House le 23 octobre 1731 ; il a été heureusement restauré, en 1842, par sir Frederick Madden.

De tous les manuscrits connus, deux seuls portent le nom de Benoît de Peterborough, le manuscrit Julius et celui, aujourd'hui perdu, de Westminster (1). Le manuscrit Vitellius est sous le nom de Siméon de Durham. Dans les autres, les *Gesta regis Henrici II* restaient anonymes et faisaient honneur au compilateur qui les avait employés. Perdus ainsi sans nom d'auteur dans les chroniques et compilations, les *Gesta Henrici II* restèrent inconnus au moyen âge.

Un grand pas se trouva fait pour la mise en lumière des *Gesta Henrici II*, lorsqu'en 1696 le premier catalogue imprimé de la Bibliothèque Cottonienne détruisit la fausse attribution du manuscrit Vitellius à Siméon de Durham, en le rapportant à Benoît de Peterborough. Cette rectification était due à Thomas Gale, qui y était arrivé par la comparaison du manuscrit Vitellius avec le manuscrit Julius.

C'est en 1731, à la suite de l'incendie qui causa la perte temporaire du manuscrit Vitellius, que Thomas Hearne conçut l'idée de son édition des *Gesta Henrici II* : ils parurent en 1735, sous le nom de Benoît de Peterborough, d'après la copie que Wanley avait faite du manuscrit Vitellius, quelques années avant l'incendie. Cette publication n'a pas été appréciée à sa juste valeur par Dom Brial. L'heureuse restauration du manuscrit Vitellius a permis de constater la rigoureuse exactitude de la copie de Wanley, qui sert de base à l'édition.

Mais les éditions de Thomas Hearne et des *Historiens de France* sont aujourd'hui bien dépassées par celle de Stubbs, faite d'après les manuscrits Julius et Vitellius de la Bibliothèque Cottonienne.

L'annotateur du manuscrit Julius, Thomas Hearne et Dom

_____

(1) Le manuscrit de Westminster, copie du ms. Julius, nous est signalé par une note du ms. Julius lui-même, et par le catalogue de la bibliothèque de Westminster, rédigé en 1672 (ms. de Harley, 694). Il a probablement péri dans l'incendie de la bibliothèque de Westminster, en 1694.

Brial ont cru que les *Gesta Henrici II* étaient mutilés au commencement. L'opinion contraire est soutenue dans le XIII⁰ volume des *Historiens de France*, et il est difficile de ne pas être de cet avis lorsqu'on voit tous les manuscrits, y compris les plus anciens, commencer au même point, sans porter aucune trace de mutilation. La seule raison alléguée par Dom Brial pour sa dernière opinion est le titre de la chronique *Gesta Henrici II*, qui semble promettre une histoire complète du règne de Henri II ; mais ce titre a été ajouté après coup sur les manuscrits, et par conséquent on n'en saurait rien conclure. On peut simplement supposer que les *Gesta Henrici II* étaient une continuation, et le nom de Siméon de Durham, porté par le manuscrit Vitellius, donne quelque force à cette hypothèse. Dom Brial affirme aussi, avec tout aussi peu de raison, que les *Gesta* sont mutilés à la fin : il s'appuie, pour le soutenir, sur ce fait que Benoît de Peterborough vécut postérieurement à 1192 ; même dans le cas où Benoît serait réellement l'auteur de la chronique, l'argument n'aurait aucune valeur.

Jusqu'en 1180 les *Gesta regis Henrici II* paraissent écrits au fur et à mesure des événements. C'est seulement à partir de 1180 que l'on trouve des allusions à des événements postérieurs à l'année du récit. La chronique semble devenir alors une compilation, et cela est si vrai que nous trouverons présentés comme deux récits successifs, deux récits d'un même fait provenant de versions différentes.

On peut lire dans la préface de M. Stubbs une discussion intéressante, mais peu concluante, sur l'auteur possible des *Gesta*. Ce qui est certain, et ce qu'il importe de constater, c'est que les *Gesta*, très-bien renseignés pour les événements d'Angleterre et de Normandie, sont beaucoup moins précis pour ceux du midi de la France. Heureusement nous avons Geoffroy du Vigeois pour compléter sur ce point nos renseignements.

Les autres historiens anglais, pour la période qui nous intéresse, sont Roger de Hoveden, Raoul de Dicet, Guillaume de Newbridge, Gervais de Cantorbéry, Giraud le Cambrien.

Roger de Hoveden (1), clerc du palais sous Henri II, a composé des *Annales rerum Anglicarum* (2) en deux parties : la première,

(1) Hoveden est une ville du comté d'York.
(2) W. Stubbs. *Annales rerum Anglicarum.* Londres, 1868-1871. (Cette édition forme quatre volumes de la collection des *Rerum Britannicarum medii*

qui est une suite de compilations, va jusqu'en 1154. Les *Historiens de France* ne publient qu'un fragment de cette première partie (t. XI). La seconde va de 1154 à 1204 : elle est publiée dans les *Historiens de France* d'après Savile. Pour cette partie, Roger de Hoveden a eu entre les mains un manuscrit des *Gesta Henrici II*. Dans les passages originaux de son œuvre, Roger est loin d'égaler en clarté et en précision l'auteur anonyme des *Gesta*.

Raoul de Dicet (1), archidiacre, puis doyen de Saint-Paul de Londres (2), est l'auteur de deux ouvrages historiques : l'un intitulé *Abbreviationes Chronicorum*, où il suit Henri d'Huntington et Robert du Mont; l'autre intitulé *Imagines Historiarum*, qui va de 1147 à 1199.

C'est ce dernier ouvrage que publient les *Historiens de France* d'après Twysden. Celui-ci s'est servi pour son édition de quatre manuscrits : trois de la Bibliothèque Cottonienne et un du monastère de Saint-Alban.

Guillaume le Petit (3), connu sous le nom de Guillaume de Newbridge (4), né à Bridlington, dans la province d'York, en 1135 (5), chanoine régulier de Newbridge, mort en 1208, a composé une histoire d'Angleterre depuis la conquête des Normands jusqu'en 1197, dédiée à Edmond, abbé de Rieval. Elle est en cinq

---

ævi scriptores.) — H. Savile, *Rerum Anglicarum scriptores.* Francfort, 1601. — *Histor. de France*, t. XI, p. 309; t. XIII, p. 205, t. XVII, p. 546.

(1) Roger Twysden, *Historiæ Anglicanæ scriptores.* Londres, 1652. — *Histor. de France*, t. XIII, p. 183; t. XVII, p. 615.

(2) Les nombreuses lettres adressées à Raoul de Dicet, que l'on trouve au t. XVII des *Histor. de France*, p. 632 et suiv., à partir de 1189, sont adressées à Raoul, *doyen du chapitre de Londres*.

(3) Edition de Jean Picard, chanoine de Saint-Victor. Paris, 1610. — Edition de Thomas Hearne. Oxford, 1719. — *Historiens de France*, t. XIII, p. 92; t. XVIII, p. 1.

(4) « Quia vero duorum insignium monasteriorum nostræ Eboracensis provinciæ... feci, ut decuit, mentionem, Bellelandæ quoque originem debeo explicare, quæ et loci propinquitate mihi est notior : nam uno tantum miliario distat a *Neuburgensi Ecclesia*, *quæ me in Christo a puero aluit.* (L. 1, chap. XV, p. 47 de l'éd. Picard.)

(5) Il nous dit, à la fin de sa préface (t. XVIII des *Histor. de France*, p. 1), qu'il naquit la première année du règne du roi Etienne : « ... media tempora succincte percurram, ut a successore ejusdem Henrici Stephano, cujus anno primo ego G. servorum Christi minimus et in Adam primo ad mortem sum natus, et in secundo ad vitam renatus, narrationem, Deo volente, incipiam producere pleniorem. »

livres. Des deux éditions qui ont précédé la leur, les Bénédictins n'ont pu se procurer que celle de Picard, dont ils se sont servis pour leur XIII⁰ volume. Pour le XVIII⁰, on a pu aussi faire usage de l'édition de Hearne, et introduire en outre des variantes de Brompton, d'après l'édition Twysden.

Gervais de Cantorbéry (1) (*Dorobernensis* ou *Cantuariensis*), moine de Cantorbéry, est l'auteur d'une Chronique d'Angleterre de 1100 à 1199. Cette chronique a été publiée partiellement dans les *Historiens de France* d'après Twysden. En 1162, lorsque Thomas Becket fut fait archevêque de Cantorbéry, il reçut Gervais dans son église et l'admit à la profession religieuse. C'est ce qui résulte du passage suivant de la Chronique de Gervais (col. 1418 de l'éd. Twysden, p. 120, en note, du XIII⁰ vol. des *Historiens de France*) : « Provocavit affectum meum illius sanctitas, et benignitas illexit. Mihi namque monachatum concessit eo anno quo ipse fuit in archiepiscopum sacratus, et ei professionem feci, et ipse me ad sacros ordines promovit. »

Giraud le Cambrien (2) (*Cambrensis*), surnommé Silvestre, né en 1146, fit ses études à Paris sous Pierre le Mangeur (3. Il fut archidiacre, puis grand-vicaire de l'évêché de Saint-David (1180-1198). Élu évêque de Saint-David, il mourut vers 1220. Nous aurons à lui emprunter les portraits intéressants qu'il a tracés des princes d'Angleterre. On sait qu'il accompagna en Irlande le jeune Jean sans Terre. (Voir la dédicace de sa *Topographia Hibernica*, t. V de l'édit. Dimock, p. 20.) Les *Historiens de France* publient une faible partie de son œuvre, d'après G. Camden, pour les années 1170-1180.

Nous passons aux chroniqueurs *français* de la fin du douzième siècle. Le plus important est Rigord.

(1) Roger Twysden, *Angl. rerum scriptores*. Londres, 1652. — *Histor. de France*, t. XIII, p. 120 ; t. XVII, p. 660.

(2) Publié en 6 volumes par Brewer, puis par Dimock. Londres, 1861 et années suivantes, dans la collection des *Rerum Britannicarum medii ævi scriptores*. — *Historiens de France*, t. XIII, p. 209 ; t. XVIII, p. 121. — Guill. Camden, *Angl. Norman. scriptores*. Francfort, 1603.

(3) Dans son livre *De Instructione principis*, Giraud raconte qu'il fit ses études à Paris vers l'âge de vingt ans, en 1165, et il se plaint du surnom injurieux de *Silvestris* qui lui avait été donné par ses camarades. (Voir les *Histor. de France*, t. XIII, p. 209, en note.)

2

Rigord (1), né dans le bas Languedoc, médecin de profession et historiographe du roi de France, clerc de Saint-Denis (2), entreprit d'écrire l'histoire de Philippe-Auguste, qu'il dédia au prince Louis vers 1200 (3). Il la continua ensuite jusqu'à sa mort. Les Bénédictins se sont servis, pour leur édition, des éditions antérieures et du manuscrit n° 5925, de la Bibliothèque nationale. Sainte-Palaye a publié un mémoire sur la vie de Rigord, t. VIII (p. 529-36 du recueil de l'Académie des Inscriptions. La chronique de Rigord est la plus importante que nous possédions sur le règne de Philippe-Auguste. Nous l'emploierons pour l'étude des luttes entre le roi de France et les rois d'Angleterre.

Après Rigord nous devons placer, par ordre d'importance, Robert du Mont.

Robert de Torigni (4), connu sous le nom de Robert du Mont, est le plus célèbre des continuateurs de Sigebert de Gembloux (5). Il fit profession au Bec en 1128, et fut élu, en 1154, abbé du mont Saint-Michel. Il mourut le 24 juin 1186. D'Achery a publié Robert du Mont en 1651, à la suite des œuvres de Guibert de Nogent.

M. Léopold Delisle a distingué avec précision les trois rédactions successives de cette chronique : la première s'arrête à 1157, la seconde à 1169, la troisième à 1182, 1184 et 1186. Pour cette

(1) Edition de P. Pithou. 1596. — Collection Duchesne. 1649 (t. V). — *Histor. de France*, t. XVII, p. 1. — Guizot, *Collection de Mémoires relatifs à l'histoire de France.*

(2) Dans sa dédicace au prince Louis, Rigord s'appelle : « Magister Rigordus, natione Gothus, professione physicus, Regis Francorum chronographus, beati Dionysii Areopagitæ clericorum minimus... » (T. XVII des *Historiens de France*, p. 1.)

(3) « In fine tamen hujus epistolæ, Salvatoris exoramus clementiam ut... ipse vos eàdem gratià quà feliciter educavit in puerum, promoveat in juvenem. » (T. XVII des *Historiens de France*, p. 2.) Or, le prince Louis, fils de Philippe-Auguste, est né en 1187. C'est donc vers 1200 qu'il faut placer cette dédicace ; car c'est vers treize ans que l'on passe de l'enfance à la jeunesse.

(4) *Histor. de France*, t. XIII, p. 283 ; t. XVIII, p. 333. — *Monumenta Germaniæ*, VI. — Edition Léopold Delisle dans la collection de la *Société d'Histoire de Normandie*, 2 vol. 1872-1874. Rouen.

(5) Il nous donne lui-même quelques renseignements sur l'origine de son œuvre et sur les sources où il a puisé : « Sigebertus Gemblacensis monachus... : illius historiæ aliquid continuare conabar. » Lettre à l'abbé du Bec (*Histor. de France*, t. XVIII, p. 333, en note). Il dit ailleurs (voir au t. XIII des *Histor. de France*, p. xxx, en note) : « Ad quod opus me adjuvabit... historia prædicti Henrici archidiaconi, quam composuit de rebus Angliæ, incipiens eam a Julio Cæsare, et texens ordinatim... usque ad millesimum centesimum tricesimum quintum annum Dominicæ incarnationis. »

dernière rédaction, la seule qui offre de l'intérêt à nos yeux, nous avons la bonne fortune de posséder, dans le manuscrit du mont Saint-Michel, une copie faite sous les yeux mêmes de l'auteur et retouchée de sa propre main.

Robert du Mont est un chroniqueur exact. On peut citer en son honneur une lettre de l'historien anglais Henri d'Huntington, lettre publiée p. 736 des œuvres de Guibert de Nogent (édition d'Achery) et p. XLVII du XII° volume des *Historiens de France :* « Hoc anno, qui est ab incarnatione Domini millesimus centesimus trigesimus nonus, cùm Romam proficiscerer cum Theobaldo Cantuariensi archiepiscopo, apud Beccum, ubi idem archiepiscopus abbas fuerat... Robertum de Torinneio ejusdem loci monachum, virum tam divinorum quam secularium librorum inquisitorem et coacervatorem studiosissimum conveni. »

Parmi les autres historiens de la même époque dont nous aurons à faire un moins grand usage, nous citerons Guillaume Le Breton.

Guillaume Le Breton (1) est l'auteur d'une histoire en prose et d'une histoire en vers du règne de Philippe-Auguste. Les premières lignes de l'histoire en prose nous expliquent dans quelles conditions elle a été écrite : « Gesta Francorum Regis Philippi magnanimi, quæ ipse præclarè gessit... usque ad vigesimum octavum annum regni sui, in archivis ecclesiæ beati Dyonisii hieromartyris habentur, a magistro Rigoto (2)... perenni memoriæ commendata. Quoniam autem sequentia ejusdem Regis opera non minori laude... digna sunt, ego Guillelmus, natione Armoricus, officio presbyter, qui pro maximâ parte non solùm his, sed et præcedentibus ejusdem Regis operibus interfui... eadem gesta... litteris commendavi... Et quoniam libellus ille magistri Rigoti a paucis habetur... omnia quæ in eo plenariè continentur summatim tetigi... quædam adjiciens breviter prætermissa ab ipso... » Ainsi Guillaume raconte les événements *de visu.* — Il n'ajoute aux récits de Rigord, du moins antérieurement à 1209, que des faits relatifs à la Bretagne.

Quant à son curieux poëme, il est fort intéressant au point de vue de l'histoire des mœurs. Mais il n'apporte aucun élément nouveau au détail des faits, et nous n'aurons pas à l'employer.

(1) Du Chesne, t. V, p. 68. — *Histor. de France*, t. XVII, p. 62, 117 et 769.
(2) Rigord.

Nous devons dire aussi quelques mots des *Annales d'Anchin* et d'une *Généalogie des comtes de Flandre*, que nous aurons occasion de citer.

Les annales de l'abbaye d'Anchin (1) *(Aquicinctini monasterii)* (2), qui vont de 1149 à 1201, ont été publiées partiellement, à la suite des continuateurs de Sigebert, par Aubert Le Mire (Anvers, 1608), d'après le manuscrit même d'Anchin et d'autres manuscrits avec interpolations.

Des trois généalogies des comtes de Flandre que publient les *Historiens de France* (3), une seule, qui est plus qu'une généalogie, nous intéresse. Elle avait été publiée en 1643 par George Galopin sous le nom de *Flandre généreuse*. Mais D. Martène l'a publiée de nouveau (t. III du *Thesaurus anecdotorum*, c. 380) d'après un manuscrit plus complet, contenant deux continuations. C'est l'édition de D. Martène que suivent les *Historiens de France*.

(1) *Histor. de France*, t. XIII, p. 278, et XVIII, p. 534.
(2) Anchin est dans le diocèse d'Arras.
(3) T. XIII, p. 411; t. XVIII, p. 559.

DU

ROLE HISTORIQUE

DE

BERTRAND DE BORN

(1175-1200)

CHAPITRE PREMIER.

PREMIÈRES ANNÉES DE BERTRAND DE BORN. — ÉTAT DES POSSESSIONS ANGLAISES EN FRANCE.

La première mention que nous trouvions de la famille de Born est celle d'Itier de Born, père ou grand-père de notre Bertrand, qui, en 1114, assiste comme témoin à l'acte de fondation de l'abbaye de Dalon (1).

Ce nom de *Born* est évidemment un nom de lieu. Il y a, en effet, plusieurs localités de ce nom dans la même région; on en compte trois dans le département de la Dordogne. Le Born de Bertrand ne peut être que celui dont il est si fréquemment question dans le cartulaire de Dalon, à 12 kilomètres environ au nord d'Hautefort (2).

Il est probable que, au douzième siècle du moins, la famille de Born ne possédait rien à Born même, d'où elle tirait son nom; car l'étang, la vigne, le moulin et la forêt de Born, figurent à chaque instant dans les donations faites par d'autres personnages au monastère de Dalon, et jamais on n'y voit intervenir un seigneur de Born.

(1) P. 1 du Cartulaire, et *Gallia Christiana*, t. II, *Instrumenta*, col. 202.
(2) Ce ne peut être Born en Bordelais, comme le dit à tort Diez (*Leben*, p. 179, en note).

Ceux-ci avaient des possessions dans le manse de Banac (1), à Puy-de-Conches (2), etc. (3).

On ignore la date de la naissance de Bertrand de Born. L'*Histoire littéraire* (4) la place entre 1140 et 1150, par cette raison tout à fait insuffisante et bizarre que l'autorité qu'il eut sur Henri Court-Mantel doit lui faire attribuer dix ou douze ans de plus qu'au jeune roi. M. Laurens est plus précis (5) et donne 1145 comme l'époque de la naissance de Bertrand de Born ; mais il se garde bien de nous dire où il prend cette date, qui nous paraît un produit de son imagination. Un acte du cartulaire de Dalon (6), que M. Laurens cite cependant lui-même (7), ne permet pas de maintenir cette date. Cet acte, où interviennent Bertrand de Born, sa femme et deux de ses fils, est passé entre les mains de l'abbé Roger. Or Roger ne fut abbé de Dalon que jusqu'en 1159. Même en admettant que l'acte soit de 1159, Bertrand de Born, s'il était né en 1145, n'aurait eu alors que quatorze ans, et n'aurait pu être ni marié, ni père de deux enfants.

L'acte dont nous venons de parler nous apprend que Bertrand de Born était marié et père de famille en 1159, que sa femme s'appelait Ermengarde, et ses deux fils Bertrand et Itier. Un autre acte du cartulaire de Dalon (8), où nous voyons figurer Bertrand de Born, sa femme et ces deux mêmes fils, Bertrand et Itier, appelle la femme Raymonde. Il y a eu eu évidemment une erreur de copie dans le cartulaire, soit pour le premier de ces actes, soit pour le second.

Outre Bertrand et Itier, Bertrand de Born eut encore deux fils : Bertrand le jeune, qu'on appelait ainsi pour le distinguer de son frère aîné du même nom (9), et Constantin, que nous verrons suivre son père au monastère de Dalon. Il eut peut-être ces deux derniers fils de sa seconde femme. Geoffroy du Vigeois nous apprend en outre qu'il eut une fille, Aymeline, qui épousa Séguin de Lastours. En 1183, époque où écrivait Geoffroy du Vigeois, Aymeline de Born était déjà mère de deux fils.

---

(1) P. 22 du Cartulaire.
(2) *Ibid.*, p. 5.
(3) *Ibid.*, p. 2, 11, 23, etc.
(4) T. XVII, p. 426.
(5) P. 22 et 45.
(6) P. 166.
(7) P. 53.
(8) P. 33-34.
(9) Voir p. 22 du Cartulaire.

Nous ignorons l'époque du second mariage de Bertrand de Born. Ce qui est certain, c'est que sa première femme vivait encore en 1179 (1), et qu'il était remarié en 1192, époque où nous le voyons figurer dans un acte avec sa nouvelle femme Philippa et les deux fils qu'il avait eus de la première (2). C'est précisément entre ces deux dates que nous aurons occasion de placer les aventures galantes de Bertrand de Born et les poésies qui s'y rapportent.

Le cartulaire de Dalon nous fournit peu d'autres détails sur la première partie de la vie de Bertrand de Born. Il nous le montre cependant figurant avec son frère Constantin dans un acte, qui est antérieur à 1170, puisque l'abbé Amelin y est partie contractante (3).

Bertrand de Born eut des querelles fréquentes avec son frère Constantin. Le principal objet du litige était la possession du château d'Hautefort. Il nous est bien difficile de dire quels étaient les droits de l'un et de l'autre. Nous savons seulement, par Geoffroy du Vigeois, qu'à l'origine Hautefort appartenait à la famille de Lastours. Or, d'un côté, Constantin de Born, frère de Bertrand, se maria avec Agnès de Lastours; d'un autre côté, Aymeline de Born, fille de Bertrand, épousa Séguin de Lastours. Voici le tableau des deux branches de Lastours :

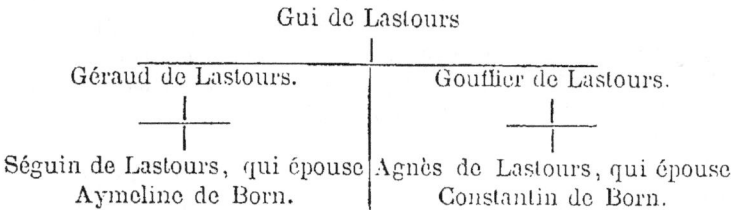

Gui de Lastours

Géraud de Lastours.	Gouffier de Lastours.
Séguin de Lastours, qui épouse Aymeline de Born.	Agnès de Lastours, qui épouse Constantin de Born.

Il paraît résulter des poésies de Bertrand de Born que, pour une raison ou pour une autre, le troubadour et son frère possédaient en commun le château d'Hautefort. Peu faits pour s'entendre, ils s'en expulsèrent plusieurs fois l'un l'autre à tour de rôle. Nous verrons ces querelles domestiques se mêler aux divers événements politiques auxquels Bertrand de Born prit une part si active.

Geoffroy du Vigeois (4) dit en parlant du château d'Hautefort :

(1) Voir p. 33-34 du Cartulaire.
(2) *Ibid.*, p. 6.
(3) *Ibid.*, p. 2.
(4) *Histor. de France*, t. XVIII, p. 218.

castrum valdè inexpugnabile. On comprend que Bertrand de Born, avec ses instincts turbulents, y tînt beaucoup. Aujourd'hui même le château d'Hautefort, — entièrement refait, bien entendu, — étonne encore par sa superbe situation.

Au moment où Bertrand de Born entre en scène, c'est-à-dire vers 1175, les plus belles provinces de la France étaient placées directement sous la domination du roi d'Angleterre, quoiqu'elles demeurassent, médiatement et par droit de suzeraineté, sous celle du roi de France.

Pour retrouver la première origine de cet état de choses, il faut remonter à plus de deux siècles en arrière. En 911, le roi de France, Charles le Simple, pour mettre fin aux incursions et aux ravages des Normands, avait cédé à leur chef, Rollon, la province qui s'appela depuis Normandie, et qui prospéra si rapidement entre les mains de ses nouveaux maîtres. En 1066, Guillaume le Bâtard s'emparait de l'Angleterre, et y prenait le nouveau surnom de *Conquérant.* Les ducs de Normandie devenaient ainsi rois d'Angleterre.

A l'Angleterre et à la Normandie vinrent bientôt se joindre l'Anjou et la Guyenne, lorsque, en 1154 (1), Mathilde, petite-fille de Guillaume le Conquérant et veuve de Geoffroy Plantagenet, duc d'Anjou, réussit à faire valoir ses droits et ceux de son fils Henri à la couronne d'Angleterre. Henri Plantagenet possédait déjà l'Anjou depuis 1151 (2), du chef de son père, et la Guyenne, depuis 1152 (3), du chef de sa femme Eléonore, épouse divorcée de Louis VII, roi de France.

Enfin, il faut ajouter la Bretagne. En 1167, Conan IV, duc de Bretagne, avait appelé Henri II d'Angleterre à son secours contre ses compétiteurs. Henri II avait profité de l'occasion pour fiancer son fils Geoffroy à Constance, fille de Conan, quoiqu'elle ne fût alors âgée que de cinq ans. C'est en vertu de ces fiançailles que, deux ans après, en 1169, Geoffroy fut reconnu duc de Bretagne (4).

Comme on le voit, cette domination des Anglais en France était le résultat de mariages et d'événements divers, mais ce n'était ni

(1) Gervais de Cantorbéry (Twysden, col. 1376), etc.
(2) *Ibid.*, col. 1370, etc.
(3) *Ibid.*, col. 1371, etc.
(4) Voir Robert du Mont (*Histor. de France,* t. XIII, p. 313).

le produit d'une conquête violente, ni l'objet, — en principe du moins, — d'une possession tyrannique. D'ailleurs, au moment où nous nous plaçons, Henri II Plantagenet commençait, sur le trône d'Angleterre, une dynastie originaire de l'Anjou. Il n'y avait donc, à priori, aucun motif pour que les provinces françaises, soumises à sa domination, pussent désirer d'y échapper. Il n'y en avait aucun, surtout, pour que l'Aquitaine préférât la domination immédiate du roi de France ; car, depuis l'avénement des Capétiens, le midi de la France s'était séparé du nord et vivait d'une vie à part. Les luttes qui éclatèrent, pendant la seconde moitié du douzième siècle, entre les rois d'Angleterre et les seigneurs du midi de la France, ne peuvent donc pas s'expliquer par un sentiment de nationalité. Elles eurent les mêmes causes que les guerres incessantes qui, durant tout le moyen âge, ont mis aux prises les suzerains et les vassaux, c'est-à-dire le besoin naturel d'indépendance personnelle, la passion de guerroyer, particulière au moyen âge, le désir d'échapper à des obligations trop lourdes, celui d'accroître sa puissance et sa fortune, les ressentiments individuels, etc. Toutes ces causes agissaient surtout lorsque le suzerain était faible ou éloigné, ou retenu par d'autres embarras. Nous ne trouvons pas d'autres éléments dans les luttes dont nous allons nous occuper. Sans doute nous verrons souvent Philippe-Auguste s'allier plus ou moins ouvertement avec les seigneurs du Midi contre le roi d'Angleterre ; mais la seule raison de cette alliance était l'existence momentanée d'un ennemi commun. Ce point est parfaitement établi par Augustin Thierry (1).

Mais, après avoir admis que l'unité n'existait pas encore en France et n'avait pu y créer l'idée de patrie, Augustin Thierry compose pour les seigneurs du Midi une patrie spéciale, moins étendue, et les fait combattre pour l'indépendance de l'Aquitaine, sous la haute direction de Bertrand de Born. Le seul texte que l'on puisse citer à l'appui de cette opinion est une suite d'apostrophes prophétiques, adressées à l'Aquitaine, que l'on trouve à la fin d'un manuscrit de Richard de Poitiers (2). Le roi d'Angleterre y est appelé *rex Aquilonis*, celui de France *rex Austri*, et l'Aquitaine est représentée comme près d'être délivrée par le roi du Sud de la tyrannie du roi du Nord : « *Exulta Aquitania, jubila Pictavia, quia sceptrum regis Aquilonis recedet a te*, etc. » Mais on ne peut rien conclure de ce passage, beaucoup trop général.

(1) Voy. *Histoire de la conquête de l'Angleterre*, livre X.
(2) *Histor. de France*, t. XII, p. 419.

En fait, il n'y a jamais eu que des révoltes partielles; le mouvement s'est le plus souvent restreint au Périgord, à l'Angoumois et au Limousin, et, même dans ces limites, il était loin d'être général. Bertrand de Born lui-même a combattu, pendant la seconde partie de sa vie, ses anciens alliés. Pour nous résumer, on trouve des intérêts individuels qui se sont coalisés, en plus ou moins grand nombre, à diverses reprises; mais il n'y a jamais eu de plan ni de mouvement commun d'indépendance. Cette idée n'existe pas, on n'en trouve trace dans aucune chronique, et les faits la contredisent. Dans le soulèvement de 1181 et 1182, qui paraît avoir été le plus étendu de tous, il s'agissait uniquement de substituer le jeune roi Henri à son frère Richard comme duc d'Aquitaine et comte de Poitiers. « Mieux vaut être bien traité par un roi que tyrannisé par un comte (1). »

Ce fut une singulière destinée que celle de Henri II ! Une sorte de fatalité pesait sur cette famille des Plantagenet. On racontait des histoires diaboliques sur leurs origines, et des sentences prophétiques prononcées par de saints personnages contre l'immoralité de plusieurs de leurs ancêtres. La chronique découverte par Jean Brompton (2), nous apprend que Henri II et ses fils attribuaient leurs discordes continuelles à cette fatalité d'origine. « Venant du diable et y retournant, » disait Richard, « comment ne serionsnous pas destinés à nous tourmenter les uns les autres. » Geoffroy répondait à un clerc venu pour le réconcilier avec son père : « Ignores-tu que c'est une nécessité de notre sang, qui nous a été léguée par nos ancêtres, que de ne jamais nous aimer les uns les autres? Tes efforts sont inutiles, tu ne changeras pas la nature. » Le mariage de Henri II avec Eléonore d'Aquitaine était lui-même, si on en croit la chronique de Jean Brompton (3), presque entaché d'inceste. Geoffroy Plantagenet, père de Henri II, avait eu des relations avec Eléonore, alors qu'il était sénéchal du roi de France, et il avait révélé le fait à son fils, qui n'en tint compte.

D'après le portrait qu'en trace Giraud le Cambrien (4), Henri II était un homme robuste, d'une taille moyenne, à la poitrine carrée, d'un embonpoint marqué : il avait les cheveux roux et la face

---

(1) Bertrand de Born, sirvente *Ieu chan*, 5ᵉ strophe :

> *Mai volon esser be menat*
> *Per rey que per comte forssat.*

(2) Twysden, *Anglicarum rerum scriptores*, col. 1044 et suiv.

(3) *Ibid.*

(4) *Expugnatio Hibernica*, édit. Dimock, t. V, p. 302.

enflammée. Ses yeux pers, injectés de sang, lui donnaient un air
menace. Il était sobre, et cherchait à dompter son embonpoint
par la fatigue. En temps de paix, dès le point du jour, il partait à
cheval pour la chasse, et, lorsqu'il rentrait le soir, il s'asseyait ra-
rement, soit avant, soit après le repas, obligeant ainsi toute sa
cour à se tenir debout. Il parlait bien et était instruit, qualité remarquable pour l'époque. Il était affable, mais il lui arrivait plus
souvent de pleurer les morts que de flatter les vivants. Il était constant dans ses affections et dans ses haines, libéral pour les dépenses publiques, parcimonieux pour les dépenses privées. Quoique
très-courageux, il recourait à tous les moyens avant de tenter la
fortune des armes.

Giraud le Cambrien (1) nous trace aussi les portraits des fils
de Henri II : Geoffroy était petit, Henri et Richard d'une taille un
peu au-dessus de la moyenne. Le premier était éloquent et rusé,
c'était l'Ulysse de la famille. Richard était d'humeur sévère, et peu
porté à l'indulgence. Henri, au contraire, avait reçu en partage les
qualités les plus aimables : plus disposé à pardonner qu'à con-
damner, il oubliait vite les injures et savait gagner tous les cœurs.
La douceur de son caractère n'enlevait rien à ses vertus guerrières. Le casque en tête, il n'était plus le même. Les chroniqueurs
ne tarissent pas d'éloges sur son compte, et ceux mêmes qui, par
exception, ne lui sont pas favorables, sont obligés, comme Guillaume de Newbridge, de convenir qu'ils ont tout le monde contre
eux. On chanta aussi ses louanges en vers latins :

> Omnis honoris honos, decor et decus urbis et orbis,
> Militiæ splendor, gloria, lumen, apex ;
> Julius ingenio, virtutibus Hector, Achilles
> Viribus, Augustus moribus, ore Paris (2).

L'idée la plus funeste qu'ait eue Henri II fut de partager, de
son vivant, ses provinces et ses honneurs entre ses fils. Vers 1169,
il céda le Poitou et l'Aquitaine à Richard (3). Le 15 juin 1170, à
Westminster, il fait couronner roi son fils aîné, Henri, par l'ar-

(1) *Topographia Hibernica*, édit. Dimock, t. V, p. 198.
(2) Brompton (éd. Twysden, *Angl. rer. scriptores*).
(3) V. Gervais de Cantorbéry (Twysden, col. 1404), Geoffroy du Vigeois
(*Histor. de France*, t. XII, p. 442), etc. — Richard est le plus souvent désigné par
Bertrand de Born et par les historiens sous le titre de comte de Poitiers. Raoul
de Dicet (*Histor. de France*, t. XVII, p. 647) ne le fait créer duc d'Aquitaine
qu'en 1179.

chevêque d'York (1) : il lui donnait un titre sans pouvoir, probablement parce qu'il se défiait de ses prodigalités. Vers la même époque, nous savons que Geoffroy devenait duc de Bretagne. Quant
au plus jeune, Jean, il fut nommé roi d'Irlande en 1185.

Bertrand de Born paraît n'avoir pris aucune part à la première révolte des fils de Henri II contre leur père (1173). Le chef
de cette révolte et le principal intéressé fut Henri le Jeune :
ses deux frères, Geoffroy et Richard, ne furent alors que ses
alliés. Jean était encore un enfant. Le jeune roi reprochait à
son père de ne lui avoir donné qu'un titre, et il demandait des
provinces et des terres ; il était excité à la rébellion, d'abord par
sa mère Eléonore, jalouse de Rosamonde Clifford, maîtresse
de Henri II, puis par ses nombreux amis, qu'un changement favorable au jeune prince devait enrichir, enfin par le roi de France,
dont l'intérêt constant était d'entretenir la désunion dans la famille
d'un si puissant voisin. Nous n'entrerons pas dans le détail des
événements ; il nous suffira de dire que Henri II triompha complétement de cette première révolte. Mais elle eut des suites inatten-
dues : plusieurs des barons d'Aquitaine qui s'étaient réunis à leur
suzerain Richard contre son père, n'ayant pas reçu les satisfactions
promises, continuèrent contre Richard, après la réconciliation, la guerre qu'ils avaient commencée avec lui contre Henri II.
Telle fut la cause des premiers événements où nous verrons intervenir Bertrand de Born.

Vers cette même époque, le 13 septembre 1174, Richard était fiancé
à Alix, fille de Louis le Jeune, âgée alors de six ans, et la princesse
était conduite en Angleterre pour y être élevée, jusqu'à son mariage,
à la cour de son futur beau-père. Nous verrons quelle sera l'importance de ce fait dans les luttes ultérieures entre la France et
l'Angleterre, et dans les discordes intestines de la famille royale
d'Angleterre. Une autre fille de Louis le Jeune, Marguerite, avait
été mariée à Henri le Jeune, en 1160, grâce à une dispense du
pape, quoiqu'elle ne fût âgée que de sept ans et Henri de trois
ans : ce mariage précipité, célébré à l'insu de Louis VII, et qui
avait pour but la prise de possession des places fortes promises en
dot, avait été la cause d'une guerre entre Louis VII et Henri II.

Tels sont les principaux faits, relatifs à l'Angleterre et à la
France, qu'il était utile de connaître avant de commencer l'étude
des sirventes de Bertrand de Born.

_____

(1) Benoît de Peterborough, éd. Stubbs, t. I, p. 5.

CHAPITRE II.

Révolte des barons d'Aquitaine contre Richard en 1176.

La première poésie politique de Bertrand de Born commence par : *Un sirventes on motz non falh* (1).

L'argument qui, dans la biographie originale, précède ce sirvente, est ainsi conçu :

« Bertrand de Born, comme je vous l'ai dit dans les autres *razos* (2), avait un frère qui avait nom Constantin de Born, et qui était bon chevalier d'armes, mais ce n'était pas un homme qui s'entremît beaucoup de valeur ni d'honneur ; mais tout le temps (litt. toutes les saisons) il voulait mal à Bertrand et bien à tous ceux qui voulaient mal à Bertrand, et il lui enleva une fois le château d'Hautefort, qui était à tous deux en communauté, et Bertrand le recouvra et chassa Constantin de tout le pouvoir. Et celui-ci s'en alla trouver le vicomte de Limoges, lui demandant de le soutenir contre son frère (3), et le vicomte le soutint, et le roi Richard le soutint contre Bertrand. Et Richard faisait la guerre à Adhémar, le vicomte de Limoges. Et Richard et Adhémar faisaient la guerre à Bertrand, et lui ravageaient sa terre et la lui brûlaient. Bertrand avait fait jurer le vicomte du Limousin et le comte de Périgord, qui avait nom Talleyrand, auquel Richard avait enlevé la ville de Périgueux, et qui ne lui en faisait aucun dommage, (c'est-à-dire qui n'en tirait aucune vengeance), car il était flasque

---

(1) Toutes les pièces de Bertrand de Born pour lesquelles nous ne mettons en note aucune indication de source sont dans le *Choix des poésies des troubadours* de Raynouard, où on peut facilement les retrouver à l'aide de la table alphabétique du V⁰ volume.

(2) Il *y* a d'autres *razos* avant celle-ci, parce que, comme nous l'avons déjà fait remarquer, les *razos* ne sont pas rangées dans l'ordre chronologique.

(3) V. sur ces mêmes faits le commencement de la *razo* de *Ges de far.*

et vil et nonchalant. Et Richard avait enlevé Gourdon à Guillaume
de Gourdon, et celui-ci avait promis de jurer avec le vicomte et
avec Bertrand de Born, et avec les autres barons du Périgord, du
Limousin et du Quercy, que Richard déshéritait : ce dont Bertrand les reprit fort, et il fit de toutes ces raisons le sirvente qui
dit : *Un sirventes que mot non faill.* »

Cet argument, un peu confus dans les détails, peut se résumer ainsi : Bertrand de Born avait formé contre Richard une
ligue de barons du Périgord, du Limousin et du Quercy : Adhémar, vicomte de Limoges, Talleyrand, comte de Périgord, à qui
Richard avait enlevé Périgueux, Guillaume de Gourdon, à qui
il avait enlevé Gourdon, faisaient partie de cette ligue ou avaient
promis de s'y joindre. Mais plusieurs des alliés manquaient de décision et d'ardeur. Sur ces entrefaites (ou un peu avant), Bertrand
de Born et son frère Constantin se disputèrent la possession du
château d'Hautefort, dont, à l'origine, ils avaient la jouissance
commune : Bertrand, chassé d'abord d'Hautefort, réussit à son
tour à en chasser son frère, qui alla demander aide et protection
au vicomte de Limoges et à Richard. Adhémar et Richard, répondant à cet appel, ravagèrent chacun de leur côté les terres de
Bertrand de Born, qui se consola en continuant à souffler la
guerre entre les barons et Richard.

Bertrand de Born (1) se félicite d'avoir fait un sirvente où
« pas un mot ne manque, » et qui ne lui a pas « coûté un ail. » Il
est prêt à partager avec un frère ou un cousin « l'œuf et la moelle, »
mais si l'on s'avise de toucher à sa part, alors il prend le tout (2).
Il s'escrime et bataille sans cesse, assailli de tous côtés. « Il n'y a
pas d'ennemi, hardi ni couard, qui ne m'attaque. » On dévaste ses
terres, on les brûle, on abat ses arbres, on mêle le grain avec la

---

(1) Je dois prévenir qu'en parlant des pièces de Bertrand de Born, j'ai sous
les yeux des copies de *tous* les manuscrits de chacune de ces pièces. C'est
d'après ces manuscrits que je donne des résumés et des traductions fragmen-
taires. Il m'arrivera donc souvent de m'écarter du texte de Raynouard.

(2) Raynouard met :

> E s'el pueys vol la mia part
> Ieu lalh giet de comunalha.

Ce qu'on traduit mot à mot par : « Et s'il veut ensuite ma part, je la lui jette
de communauté. » On voit que le dernier vers n'a aucun sens. Mais la comparaison des manuscrits nous permet de le rectifier ainsi :

> Ieu l'en giet de comunalha.

Ce qui veut dire : « Je l'en chasse de communauté. »

paille. Mais il n'en garde pas moins tout son sens en réserve, et voici qu'après s'être débattu si longtemps entre Adhémar et Richard, il a la joie de voir ses ennemis aux prises : « Leurs enfants, si le roi ne les sépare, profiteront de la querelle (1). » Mais les barons manquent de cœur et d'audace, quoi que fasse Bertrand pour leur en donner : ils sont comme un mauvais métal dont on ne peut rien tirer, quoiqu'on le retaille et le refonde. Aussi, « bien fou qui s'en tracasse. » Au lieu de guerroyer, Talleyrand s'étend et bâille, et mène une vie de Lombard, — c'est-à-dire de commerçant, de paresseux (un manuscrit dit : de Picard). — L'éperon ne peut le faire trotter ni bouger. Mais Bertrand, armé en guerre et monté sur Bayard, ira lui-même à Périgueux, assez près des murailles pour qu'on puisse combattre avec le mail ; et s'il rencontre un de ces « piffres » de Poitevins, il lui fera sentir le tranchant de son épée et lui marquera la tête d'un mélange de cervelle et de maille (2). « Seigneurs, Dieu vous sauve et vous aide, pourvu que vous me disiez à Richard ce que le paon dit à la corneille. »

Nous avons dû, dans ce résumé, négliger une strophe, qui contient plusieurs allusions très-vagues, et dont voici la traduction littérale : « Guillaume de Gourdon, c'est un fort battant que vous avez mis dans votre cloche, et je vous aime, Dieu me garde ! Pourtant les deux vicomtes vous tiennent pour fou et pour musard à cause de ce traité, et il leur tarde que vous soyez dans leur armée. » On peut croire, d'après ces paroles, que Guillaume de Gourdon avait stipulé des garanties avant de se joindre à la ligue contre Richard : ce serait là le « fort battant de sa cloche » et le traité dont il est question.

Si maintenant nous cherchons dans les chroniques contemporaines à quel moment et au milieu de quelles circonstances précises doit être placée cette pièce de Bertrand de Born, je crois qu'il est impossible de ne pas s'arrêter à un certain passage de la chronique dite de Benoît de Peterborough. La première révolte des fils de Henri II contre leur père venait de se terminer. Mais,

---

(1) La comparaison des manuscrits pour le vers : « Auran part en la coralha, » nous oblige à mettre : « Auran pro, » qui signifie : « Auront profit, » au lieu de : « Auran part, » que met Raynouard, et qui signifie ; « Auront part. »

(2) Raynouard (*Lexique roman*, au mot *bart*) traduit les deux vers :

> Que sus el cap li farai bart
> De cervelh mesclat ab malha,

par : « Vu que je lui ferai sur la tête une marque de cervelle broyée avec maillet. » Il y a un contre-sens évident sur le mot *malha*. Il s'agit de la maille dont est faite la coiffe du haubert, et nullement d'un maillet

si les fils s'étaient réconciliés avec leur père, les barons d'Aquitaine, leurs anciens alliés, étaient décidés à continuer la lutte.
Toutefois Henri II, dégagé de son plus grand embarras, avait
laissé ses deux fils Richard et Geoffroy pour surveiller les rebelles, et était retourné en Angleterre. C'est alors qu'en 1176,
vers Pâques, Richard et Geoffroy se rendent près de Henri II et
lui exposent que la situation est grave, que les barons du Poitou
se soulèvent.

Voici en substance le récit de B. de Peterborough (1) :

A l'approche de la solennité de Pâques (2), le roi vint à Winchester, et manda près de lui le jeune roi son fils, qui s'était arrêté à
Portchester. Celui-ci, répondant à l'appel de son père, quitta la reine
sa femme pour venir lui-même à Winchester. Cependant Richard,
comte de Poitiers, et Geoffroy, comte de Bretagne, auxquels le roi,
en se retirant, avait laissé la garde de ses terres, arrivèrent en Angleterre, et abordèrent à Southampton le jour du vendredi saint :
Le lendemain ils vinrent à Winchester, où ils furent reçus par
Henri II avec la plus grande joie. Ayant appris la cause de l'arrivée de Richard et de Geoffroy, Henri II obtint du jeune roi qu'il
retarderait son pèlerinage à Saint-Jacques jusqu'à ce que la paix
fût rétablie en Poitou entre Richard et les barons du pays, et il
l'autorisa à accompagner Richard dans cette guerre. Les comtes
et barons qui s'étaient alors soulevés étaient Wulgrin d'Angoulême et ses frères ; Adhémar, vicomte de Limoges ; le vicomte de
Turenne, etc......... Sur ces entrefaites Richard rassembla une
grande armée et se mit en marche contre ses ennemis du Poitou.
Aussitôt après la Pentecôte, il livra bataille aux Brabançons
entre Saint-Maigrin et Bouteville, et les défit. Puis il conduisit
son armée en Limousin contre Adhémar de Limoges, qui avait
lui-même rompu la paix, « pro eo quod ipse pacem suam frege-
rat. » Après s'être emparé du château d'Aixe, il assiégea Limoges, qu'il prit en peu de jours. La Saint-Jean passée, il arriva à
Poitiers où le jeune roi vint le rejoindre. Il tint là un conseil de
ses barons et s'avança ensuite sur les terres de Wulgrin d'Angoulême. Il prit Châteauneuf en quinze jours. C'est alors que le
jeune roi, cédant à une mauvaise inspiration, « pravo usus con-
silio », refusa d'accompagner son frère plus longtemps. Richard
continua sa marche et vint mettre le siège devant Angoulême.
Dans cette place se trouvaient réunis : Guillaume Taillefer, comte

_____

(1) Stubbs, t. I. p. 114 et p. 120.
(2) Cette année-là (1176), Pâques tombait le 4 avril.

d'Angoulême, son fils Wulgrin, Adhémar de Limoges, le vicomte de Ventadour et le vicomte de Chabanais. Pour obtenir la paix, le comte d'Angoulême livra à Richard la ville d'Angoulême, le château de Bouteville, celui de Montignac et plusieurs autres. C'est au bout de six jours que le comte d'Angoulême, forcé de capituler, rendit la ville à Richard et lui livra des ôtages. Richard envoya le comte avec les autres rebelles en Angleterre auprès de Henri II. Lorsqu'ils furent arrivés, le roi les renvoya à son fils en Poitou, et ajourna sa décision jusqu'à son prochain voyage en Normandie.

Robert du Mont parle peu de ces événements; il mentionne simplement la révolte du comte d'Angoulême et la prise du château de Limoges. Raoul de Dicet n'est pas beaucoup plus explicite : il donne aussi le principal rôle au comte d'Angoulême ou plutôt au vicomte son fils (Wulgrin), et il raconte comme Benoît de Peterborough l'envoi des rebelles en Angleterre auprès de Henri II.

Quant à Roger de Hoveden, son récit est conforme à celui de Benoît de Peterborough; il n'y a qu'une différence très-minime. Roger dit qu'après la fête de Pâques Geoffroy revint en France comme ses deux frères (1), tandis que Benoît, n'en disant rien, peut laisser croire qu'il resta en Angleterre.

Le sirvente de Bertrand de Born confirme le récit des chroniques en ce qui concerne l'abstention de Talleyrand, tout en nous apprenant que Richard occupait alors plus ou moins complétement la ville de Périgueux. Le sirvente nous apprend en outre que ces événements furent compliqués d'une intervention momentanée de Richard et d'Adhémar dans les discordes intestines de Bertrand de Born et de son frère Constantin.

Pour placer ce sirvente en 1176, nous sommes obligé de nous séparer de la *razo*, qui le recule jusqu'après l'avénement de Richard, puisqu'elle parle constamment du *roi* Richard. Mais, pour les *razos*, Richard est toujours le *roi Richard*. Cette appellation ne doit pas nous arrêter; elle est contredite par le sirvente lui-même, où nous lisons (avant-dernier vers) : le *seigneur* Richard. D'ailleurs, dans la deuxième strophe, Bertrand de Born dit formellement, nous l'avons vu, en parlant d'Adhémar et de Richard : « Leurs enfants, si le *roi* ne les sépare, profiteront de la querelle. » Or, il est de toute évidence que ce *roi* est Henri II.

En dernier lieu, il est certain que, depuis l'avénement de Richard,

(1) Stubbs, t. II, p. 93.

Bertrand de Born n'a jamais été son ennemi , et n'a pas cessé un instant d'être son allié. Or, avant la mort de Henri II , nous ne trouvons que cette année 1176 dont les événements répondent aux allusions du sirvente (1).

Dans la pièce *Rassa mes*, que nous plaçons aussitôt après *Un sirventes on motz* (2), Bertrand se plaint que les seigneurs ses alliés aient fait la paix sans s'occuper de lui. « Ils ont fait vers vous traversée (3), » dit-il à Rassa — c'est-à-dire à Geoffroy, à qui la pièce est adressée, — expression qui se rapporte fort bien à ce voyage en Angleterre que Richard imposa aux barons vaincus en 1176. On pourrait, il est vrai, traduire le mot *passada* du texte provençal par un mot comme *passage*, d'un sens plus large que *traversée*, ce qui suprimerait l'allusion précise. Cependant je ferai remarquer que le verbe *passar*, d'où vient *passada*, a très-souvent le sens particulier de *passer la mer*.

Si l'on admet ma traduction de « *passada* » par « *traversée*, » on pourra conclure du vers que je viens de citer que Geoffroy était resté en Angleterre près de Henri II, au lieu de revenir en France avec ses frères, ce qui confirmera le récit de Peterborough, qui ne parle pas de ce retour. Mais cette conclusion ne saurait être rigoureuse ; car « vers vous » peut simplement signifier *vers les vôtres*, vers votre famille.

Bertrand de Born se plaint très-vivement que les barons se soient « mis les premiers » dans la paix qu'ils ont conclue. Quant à lui , on le laisse toujours le dernier après l'avoir mis dans la mêlée :

> Totz temps mi laisson derrier ,
> Quan m'an mes en la mesclada.

Quand il rappelle que ses terres ont été ravagées et brûlées, on lui répond d'en tirer vengeance si cela lui plaît. « Nous sommes ainsi, » dit-il, « trente guerriers, chacun avec la cape trouée. » On se sert d'eux quand on en a besoin , mais c'est aux coups seulement qu'ils prennent part. Désormais les arbalétriers sauront que la paix règne dans la contrée. Pour eux, plus de solde à espérer.

---

(1) Il est impossible de le dater, comme fait Diez, de 1182 (*Leben*, p. 193). Les événements de 1182, que nous verrons en détail , n'ont aucun rapport avec les allusions qu'il contient.

(2) Diez (*Leben*, p. 208) le met en 1183.

(3) Cinquième vers de la première strophe.

Ce sont les chiens et les levriers qui auront les faveurs du comte (1).

Aux armes et vêtements de guerre succéderont les armes et costumes de chasse : on portera des capes fourrées, on n'entendra que le son du cor, on ne verra qu'autours et faucons. Bertrand a eu beau chercher ; on ne trouve plus de vrai baron, de baron entier, dont la prouesse ne soit trouée au milieu ou brisée en un quartier. Il y en a un, cependant, qui fait exception. C'est à lui que le troubadour charge Papiol de porter ce sirvente. « Va, Papiol, et prend le droit chemin, sans craindre vent ni gelée ; va dire à *mon Rainier* que sa prouesse me plaît. » J'admettrais volontiers que *mon Rainier* est une faute de copiste, et qu'il faut lire *Marinier*, le nom familier que Bertrand de Born donnait à Henri le Jeune. Ce serait alors une allusion à la scission qui s'était produite, comme nous l'avons vu, après le siège de Châteauneuf, entre Richard et son frère, et à laquelle Bertrand n'avait pas dû rester étranger.

Dans la première strophe de *Rassa mes*, Bertrand se plaint de n'avoir pas recouvré sa terre. On peut en conclure que Constantin avait réussi à rentrer à Hautefort. Ce fait est confirmé par la *razo* de la pièce *Ges de far sirventes*. La même *razo* nous apprend que Bertrand, après avoir essayé de reprendre de nouveau Hautefort par les armes, proposa à son frère un accord amical et fit la paix avec lui. Mais, une fois entré dans le château avec ses gens, il viola son serment et chassa son frère. Geoffroy du Vigeois confirme le fait de l'expulsion violente de Constantin : « ...Constantino de Born ...quem frater ejus Bertrannus de Born per proditionem expulerat (2). » Il paraît, d'après la *razo*, que Bertrand avait ainsi chassé son frère un lundi, jour de mauvais augure. Mais Bertrand de Born n'était point superstitieux, et s'en vante (Voir la 4e strophe de *Ges de far*). Quelle date faut-il donner à cet événe-

---

(1) Raynouard écrit les deux derniers vers de cette strophe :

Ans auran can e lebrier
Del comt e s'amor privada.

Le mot *comt*, sans une apostrophe, est un barbarisme. Avec une apostrophe, les deux vers n'ont pas de sens : car il faut faire alors des arbalétriers, qui figurent dans les vers précédents, le sujet du verbe *auran*, et on arrive à cette traduction bizarre, donnée par Raynouard dans son *Lexique*, au mot *privada* : « Ils (les arbalétriers) auront chien et lévrier du comte et son attachement intime. » — Il faut écrire *del comte* et traduire comme nous le faisons.

(2) *Histor. de France*, t. XVIII, p. 218.

ment ? Nous l'ignorons. Nous savons seulement, d'après plusieurs actes du cartulaire de Dalon, 1° que Bertrand de Born était à Hautefort au mois de juin 1179, avec sa femme et ses fils, et qu'il faisait ou confirmait, conjointement avec eux, des donations (1); 2° qu'il y était encore en 1182, et qu'il faisait à cette époque une nouvelle donation (2); 3° qu'au mois de juillet 1180 (3) et en 1182 (4) il vivait en assez bonne intelligence avec son frère Constantin, puisque celui-ci assistait comme témoin aux donations faites par Bertrand.

Il semble résulter de ces documents que la paix entre Bertrand de Born et son frère dura plus longtemps que ne paraît le dire la *razo* de *Ges de far*, et qu'elle se maintint de 1179 à 1182. L'expulsion de Constantin n'aurait donc eu lieu qu'en 1182, ou au commencement de 1183, assez peu de temps avant le siège d'Hautefort qui fera l'objet d'un de nos chapitres ultérieurs.

Le sirvente *Tortz e guerras* (5) est d'une époque où Bertrand de Born cherchait des prétextes contre son frère en l'accusant de ne pas observer la foi jurée et de vouloir retenir l'autre moitié d'Hautefort. « Je sais bien, » dit le troubadour, « que les mauvaises langues me reprocheront d'être trop patient... Mais j'ai tant de conseillers que, par le Christ, je ne sais plus lequel choisir. Quand je dépouille de leur puissance ceux qui me tracassent, on dit que j'ai trop de fougue. Et maintenant, parce que je ne combats pas, on dit que je suis un lâche. »

Cette pièce doit être postérieure à la mort de Louis VII ; car le nom de Philippe-Auguste figure dans une allusion, assez obscure d'ailleurs, qui termine le sirvente. La cinquième strophe contient une allusion à la lutte victorieuse des Lombards contre l'Empereur, et une autre, peu précise, au bon accord assuré entre le comte Raymond (de Toulouse) et le roi (Henri II). Bertrand de Born paraît chercher dans cette pièce à exciter Geoffroy et Henri le Jeune contre Henri II et Richard ; il dit de *Rassa*, c'est-à-dire de Geoffroy, qu'il n'a aucun des comtés. Il appelle le jeune roi « petit roi de plus petite terre, » et il le félicite de vouloir aller de l'avant. Il dit en terminant, s'adressant à Papiol : « ...Tu diras

(1) Cartulaire, p. 33-34.
(2) *Ibid*, p. 82.
(3) *Ibid*, p. 42.
(4) *Ibid*, p. 82.
(5) *Archiv* de Herrig, vol. XXXIV, p. 187.

au jeune roi que trop dormir ne me plaît. » Ce serait donc là
comme un sirvente d'essai, précédant la grande ligne de 1181.

Au début de *Tortz e guerras*, Bertrand de Born se plaint de
s'être vu trop longtemps imposer le silence par celle *à qui il doit
obéir*. Mais maintenant il plaît à *la plus belle du monde* de souffrir
son chant, et on va voir les chansons aller et venir.

> E veiretz anar et venir
> Chansos...

Il est certain qu'entre 1177 et 1181 on ne trouve pas d'autre
pièce de Bertrand de Born.

CHAPITRE III.

LE SIRVENTE DE 1177 POUR LE COMTE DE TOULOUSE.

Dès la première strophe de la pièce *Lo coms m'a mandat* (1), nous apprenons que c'est un chant de combat demandé à Bertrand de Born par un comte sur le point de partir en guerre. Ce comte est celui de Toulouse, comme nous le voyons à la troisième strophe, où est indiqué le lieu de rendez-vous des alliés, et il va combattre les Catalans et les Aragonais, comme nous l'indique la strophe suivante. Enfin nous apprenons encore un peu plus loin que le roi d'Aragon a un frère du nom de Sanche, qu'il est l'allié de l'ennemi principal du comte de Toulouse, et que le comte aura en outre à combattre, au même titre, un seigneur Roger, le fils de Bernard Athon, le comte don Pedro et le comte de Foix.

Ces diverses indications nous permettent de donner au sirvente *Lo coms m'a mandat* la date de 1177, époque à laquelle le comté de Toulouse Raymond V dut faire face à la ligue formée contre lui par Ermengarde, vicomtesse de Narbonne. Le roi d'Aragon Alphonse II, dont le frère Sanche est bien connu, faisait en effet partie de cette ligue, ainsi que Roger, vicomte de Béziers, et Bernard Athon, fils de Bernard Athon, vicomte de Nîmes et de Carcassonne.

Quant à la cause de l'attaque d'Ermengarde, c'était le dessein prêté au comte de Toulouse de se saisir de Narbonne afin d'empêcher Ermengarde, dont le fils adoptif venait de mourir, de prendre un autre héritier sans l'aveu du comte. La vicomté de Narbonne était en effet placée sous la suzeraineté du comte de Toulouse, et déjà, en 1134, Alphonse Jourdain, après la mort d'Aymeri II, vicomte de Narbonne, avait mis la main sur cette ville, soit

---

(1) Diez (*Leben*, p. 202) place bizarrement cette pièce entre *Un sirventes fatz* (voir notre chapitre IV) et *Si tut li dol* (voir notre chapitre V).

comme protecteur de la jeune Ermengarde et de sa sœur, soit
dans le dessein d'unir cette vicomté à son domaine. Mais, en
1143, il l'avait rendue à Ermengarde.

Nous ne savons rien du fait que Bertrand de Born rappelle
dans le vers où il dit, en parlant du roi d'Aragon : « le roi qui a
perdu Tarascon. » Peut-être doit-on l'interpréter comme une for-
fanterie : « Le roi qui peut considérer Tarascon comme perdu. »

La lutte éclata vers le mois de juillet 1177. On pourrait croire,
d'après un vers de la seconde strophe, que la pièce de Bertrand de
Born est antérieure aux Rogations. Mais le vers contenant cette
indication ne se trouve que dans deux manuscrits dont la leçon
ne peut pas être maintenue.

L'intérêt principal de ce sirvente est de nous montrer quelle
était l'autorité des troubadours au douzième siècle, et l'influence
de leurs chants. Nous voyons en effet le comte de Toulouse envoyer à Bertrand de Born un messager spécial pour *lui faire
conter ses raisons* et pour lui demander un sirvente en sa faveur. Ce n'est point là une commande faite à un poète de profession, c'est presque un traité d'alliance, conclu d'égal à égal,
entre celui qui fait la guerre et celui qui doit la chanter.
Bertrand de Born, d'ailleurs, promettait de se joindre aux com-
battants ; si, par des vers ardents, il poussait les gens à la bataille,
il savait aussi prendre sa part des coups.

La pièce est fort belle et des plus énergiques. Le comte de Toulouse demande une chanson telle « que mille boucliers en soient
troués, que heaumes, hauberts, hoquetons et pourpoints en
soient faussés et rompus. » Aussi la mêlée sera rude ; on ne
verra que Catalans et Aragonais tomber de toutes parts : « contre
nos coups mal les soutiendront leurs arçons, tant nous frappe-
rons dru. » Bientôt voleront vers le ciel les tronçons de lances ;
brocards et satins, cordes et pieux, tentes et pavillons joncheront
la terre. « Tout le temps je veux que les puissants barons soient
courroucés l'un contre l'autre. »

> Totz temps vuelh que li ric baro
> Sion entre lor irascut.

Ces deux vers, par lesquels se termine la pièce, résument à
merveille le caractère de Bertrand de Born.

CHAPITRE IV.

LA LIGUE DE 1181 CONTRE RICHARD.

La prise d'Angoulême en 1176 (1) ne devait pas permettre à Richard de rester longtemps en repos. Dès l'année suivante et en 1178 nous le trouvons guerroyant contre Pierre, vicomte de Dax, et Centule, comte de Bigorre (2). En 1179 il combat Geoffroy de Rancone et détruit les deux châteaux de Pons et de Taillebourg (3). Cette même année, aussitôt après la Pentecôte, il se fait remettre de nouveau Angoulême par le comte Wulgrin, et en rase les murailles (4). L'*Art de vérifier les dates* (article de Wulgrin Taillefer III, comte d'Angoulême), place en 1178, d'après Roger de Hoveden, les événement que nous venons de placer en 1179. L'erreur vient de ce que, aussitôt après le récit de ces faits, Roger de Hoveden commence un chapitre par *Anno ab incarnatione Domini 1179*, ce qui paraît impliquer que les faits précédents ont eu lieu en 1178. Mais un examen attentif du récit permet de se rendre compte qu'il n'en est rien. En effet, sous l'année 1178, Roger de Hoveden et Benoît de Peterborough commencent par raconter les faits et gestes de Henri II, puis ils passent à Richard, qu'ils suivent jusqu'à la Noël, et au delà, jusqu'à Pâques et l'Ascension, pour ne pas interrompre le récit d'un même ordre de faits. Ils empiètent donc, dans ce paragraphe consacré à 1178, sur l'année 1179, et c'est en 1179 qu'il faut placer les derniers événements. Ils reprennent ensuite l'histoire de Henri II au commencement de cette même année 1179. Raoul de Dicet place aussi ces faits en 1179 (5), et non en 1177 comme le

(1) Voir notre chapitre II.
(2) B. de Peterborough (Stubbs, I, 212).
(3) *Ibid.*, 213.
(4) *Ibid.*
(5) R. Twysden, col. 603.

dit encore à tort l'*Art de vérifier les dates*. Quant au voyage des
barons rebelles en Angleterre, bien antérieur aux faits qui nous
occupent en ce moment, c'est sous l'année 1176 (1), et non
sous 1177 (troisième erreur de l'*Art de vérifier les dates*), que
Raoul de Dicet en parle, et il est en cela d'accord avec Benoît de
Peterborough et Roger de Hoveden.

Cependant une grande animation régnait en Poitou et en
Aquitaine contre Richard. On l'accusait d'enlever les femmes et
les filles de ses hommes libres pour en faire ses concubines, et de
les livrer ensuite aux outrages de ses soldats : « Mulieres namque
et filias et cognatas liberorum hominum suorum vi rapiebat et
concubinas illas faciebat, et postquam in eis libidinis suæ ardo-
rem extinxerat, tradebat eas militibus suis ad meretricandum. His
et multis aliis injuriis populum suum affliciebat (2). » Gervais de
Cantorbéry dit que Richard était odieux à ses vassaux à cause de
son excessive cruauté : « propter nimiam ejus crudelitatem (3). »
Ces griefs, ajoutés à beaucoup d'autres, ne devaient pas tarder à
faire éclater contre lui une nouvelle révolte.

D'autre part Henri le Jeune était toujours fort mécontent de
son titre de roi, qui ne lui donnait ni pouvoir ni revenus. Il était
jaloux de la situation faite en Aquitaine à son frère Richard, et il
réclamait de son père la Normandie, ou l'Angleterre, ou bien
l'Anjou, pour pouvoir y demeurer avec sa femme et y subvenir
aux frais de sa cour (4). Richard prêtait le flanc aux réclamations
de son frère, car il ne prenait à son égard aucun ménagement :
il commença même vers cette époque la construction d'une forteresse à Clairvaux, sur les terres qui devaient revenir au jeune roi
après la mort de leur père.

Bertrand de Born et un certain nombre de seigneurs d'Aquitaine crurent le moment favorable pour organiser contre Richard
une vaste ligue. Ce mouvement eut son expression dans le
sirvente *Pus Ventadorn et Comborn*, que Diez (5) place en 1182,
par cette seule raison qu'il y est question de la forteresse de
Clairvaux (5ᵉ strophe), et que cette forteresse ne peut être antérieure à 1182, puisque c'est alors seulement qu'on s'en plaignit.
Cette raison n'est pas suffisante : un fait litigieux peut parfai-

---

(1) Comme nous l'avons dit au chap. II. Voir Twysden, col. 594.
(2) Voir Benoît de Peterborough, éd. Stubbs, t. I, p. 292.
(3) *Histor. de France*, t. XVII, p. 663.
(4) Voir Benoît de Peterborough, éd. Stubbs, t. I, pages 34, 41, 289.
(5) *Leben*, p. 199, en note.

tement être antérieur, même de plusieurs années, à la guerre
qu'il doit provoquer. La forteresse de Clairvaux fut bien, d'après
toutes les chroniques, la cause ou l'occasion principale de la
guerre qui s'éleva entre les fils de Henri II; mais Bertrand de
Born paraît avoir contribué beaucoup à donner à la construction
de cette forteresse le caractère qui en fit un *casus belli*; peut-
être Henri le Jeune n'avait-il pas songé à s'en plaindre avant le
sirvente *Pus Ventadorn*, qui mettait au service de ses griefs
contre son frère une ligue formidable. Ce sirvente, et par suite
la ligue qui en fait le sujet, a certainement précédé la déclaration de guerre entre les trois frères, quoique Bertrand y semble
assuré de l'entrée en campagne de Henri le Jeune, pour qui la
ligue était toute favorable, et dont il devait d'ailleurs connaître
les sentiments.

Quoi qu'il en soit, je place ce sirvente vers la fin de juin 1181,
et j'appuie cette date sur les quatre derniers vers. Il est difficile
de faire un mot-à-mot rigoureux de ces quatre vers; mais le sens,
qui n'est pas douteux, est celui-ci : « Taillefer possède Angoulême
par l'octroi royal, et un roi n'a pas le droit, après avoir dit oui, de
dire ensuite non. » Or le Taillefer dont il s'agit ici me paraît ne
pouvoir être que Wulgrin Taillefer, qui mourut, d'après Geoffroy
du Vigeois, à la fin de juin 1181, ou même 1180 (1). Si nous prou-

(1) Voir Labbe, II, p. 325 et 326, *Histor. de France*, t. XII, p. 447 et 448.
Dans le premier passage, Geoffroy fait mourir le père de Wulgrin à Messine,
en août 1178. Dans le second, il nous dit que Wulgrin mourut à la fin de juin
1181, *moins de deux ans* après la mort de son père. L'*Art de vérifier les dates*,
maintenant la date de 1181, suppose que Geoffroy a voulu dire : *moins de trois
ans*. Je rectifierais plus volontiers la date de la mort du père. En effet, Geoffroy
ne dit pas formellement que Guillaume Taillefer mourut en 1178; il dit simplement qu'il mourut au mois d'août. Il est vrai que le fait venant *immédiatement après* dans la chronique se passe le lundi 17 des calendes de novembre :
or, le 17 des calendes de novembre (16 octobre) tombe un lundi en 1178, et
non pas en 1179. Ce fait est donc de l'année 1178, et on a pu légitimement
en conclure que le fait précédent n'était pas d'une année postérieure. Mais,
immédiatement avant la mention de la mort de Guillaume, nous trouvons
un autre fait qui se passe le 1er décembre 1178. On peut donc en conclure
aussi que le fait suivant, la mort de Guillaume, étant du mois d'août, doit
être de l'année 1179. Voici donc deux conclusions, aussi légitimes l'une que
l'autre, et qui se contredisent. Mais la seconde a l'avantage de s'accorder
avec le « moins de deux ans » du passage relatif à la mort de Wulgrin. On peut
très-bien supposer que le fait qui a eu lieu le 16 octobre 1178 avait été oublié par
Geoffroy à son rang de date, et qu'il l'a intercalé à la place où nous le trouvons aujourd'hui. Cette intercalation pourrait encore s'expliquer par le mauvais état des manuscrits de la chronique de Geoffroy, mauvais état déploré
par tous les éditeurs. Quoi qu'il en soit, il me paraît évident qu'il y a eu inter-

vons que c'est bien Wulgrin qui est en cause, il sera évident
que la pièce est antérieure à la fin de juin 1181. Nous allons donc
montrer : 1° que l'allusion contenue dans les vers que je viens de
citer ne peut pas s'appliquer au successeur de Wulgrin, et 2° que
cette même allusion s'explique au contraire fort bien, si on la
rapporte à Wulgrin Taillefer.

Que se passa-t-il en effet après la mort de Wulgrin? Il n'avait
laissé qu'une fille, Mathilde : Richard la prit sous sa protection,
et les deux frères du comte défunt, Guillaume Taillefer et Adhémar, luttèrent conjointement contre leur nièce pour la possession
du comté d'Angoulême. Ces faits ne peuvent en aucune façon
expliquer les vers qui nous occupent, à moins de supposer que
Henri II avait octroyé le comté à Guillaume Taillefer, et que
Bertrand de Born veut mettre en opposition cet octroi royal avec
la défense prise par Richard de la jeune Mathilde. Il n'est guère
admissible, et rien ne le prouve d'ailleurs, que Henri II soit in-
tervenu à ce moment dans les affaires particulières du comté
d'Angoulême. Mais nous savons d'une façon certaine qu'il y
intervint quelques années auparavant, du temps de Wulgrin.
Raoul de Dicet (1) nous raconte en effet qu'après la prise d'Angoulême par Richard, en 1176, Henri II reçut le comte d'Angoulême à Winchester, le 21 septembre, et lui pardonna, ce qui
implique la restitution d'Angoulême. Nous avons parlé de ces
faits dans notre chapitre II. Or, nous venons de voir, au commencement de ce chapitre, que Richard s'était fait remettre de
nouveau Angoulême en 1179 par le comte Wulgrin, et en avait
rasé les murailles. N'est-ce pas cette agression que Bertrand de
Born veut rappeler, pour exciter le comte contre Richard, et
qu'il oppose à l'octroi royal précédemment obtenu?

Il y a une autre raison pour placer ce sirvente avant la mort

calation. Voici, en effet, la succession des principaux faits qui précèdent et qui
suivent le passage qui nous occupe :
1178, ides de septembre : éclipse de soleil.
Fin de septembre : prise du vicomte de Turenne.
1er décembre : élection de l'évêque de Limoges.
Juillet : départ du comte d'Angoulême pour la terre sainte.
Août : mort du comte d'Angoulême à Messine.
(16 octobre 1178 : mort de l'abbé du Vigeois).
1er novembre 1179 : sacre de Philippe-Auguste.
Tous les faits se suivent donc parfaitement dans l'ordre chronologique, si
l'on admet que le départ et la mort du comte d'Angoulême sont de l'année
1179, et que la mention de la mort de l'abbé du Vigeois a été intercalée.
(1) Twysden, col. 594.

de Wulgrin, et cette raison nous est fournie par la pièce *Ges no mi desconort*, où Bertrand de Born rappelle les noms des membres de la ligue contre Richard. Parmi les alliés, il cite les *trois comtes d'Angoulême*. Or ils n'étaient trois qu'avant la mort de Wulgrin. La ligue est donc antérieure à cette mort, et par suite aussi le sirvente *Pus Ventadorn*, qui en est comme le manifeste. D'autre part, *Pus Ventadorn* est certainement postérieur à l'avénement de Philippe-Auguste, puisqu'il y est question du roi Philippe.

Après cette discussion de date, venons au sirvente lui-même. Il commence par une brillante énumération des alliés : « Puisque Ventadour et Comborn et Ségur se sont ligués avec Périgord, et que partout les bourgeois s'enferment dans leurs murs, il m'est bel et bon aujourd'hui de les réconforter par un sirvente. » Bertrand cherche ensuite à exciter le jeune roi, en insinuant que, s'il a un beau titre, il n'a ni pouvoir, ni richesse, ni même sécurité : « Je ne voudrais pas que Tolède fût mienne, si je ne pouvais y rester en sûreté. » Et plus loin : « Je mets à plus haut prix l'honneur avec un coin de terre que le déshonneur avec un grand empire. »

> Per qu'ab onor pretz mais pauca terreta
> Qu'un grand empier tener a dezonor.

Le jeune roi est traité de seigneur charretier, expression qui nous est expliquée par la *razo* provençale du sirvente. Il paraît qu'il avait reçu de son père le droit de toucher une partie des redevances imposées aux charrois, l'impôt sur les voitures de l'époque. Or son frère Richard lui avait même enlevé cette ressource. « Ah ! Puyguillem, Clarens, Grignol, Saint-Astier, Turenne, Angoulême, nous avons tous un bien plus grand honneur qu'un seigneur charretier qui abandonne sa charrette, et qui n'a ou ne prend de deniers qu'en tremblant. » On voit comment cette pièce de Bertrand de Born confirme et complète les récits des chroniqueurs, relativement aux causes de l'irritation du jeune roi. Le grief de la forteresse de Clairvaux est présenté sous une forme ingénieuse et piquante : « Entre Poitiers et l'Ile-Bouchard, et Mirebeau, et Loudun, et Chinon, à Clairvaux on a bâti, sans crainte, un beau château au milieu d'une plaine. Je ne voudrais pas que le jeune roi le sût ni le vît, car il ne le trouverait point de son goût ; mais j'ai bien peur, tant la pierre en est blanche, qu'il ne l'aperçoive de Mateflon (1). » Bertrand de Born

---

(1) Mateflon est aujourd'hui dans le département de Maine-et-Loire, commune de Seiches. Clairvaux est dans le département de la Vienne, commune de Scorbé-Clairvaux.

s'efforce aussi de gagner à sa cause de nouvelles adhésions, il fait appel à Vezian de Lomagne, vicomte de Dax, au seigneur de Pons et de Taillebourg, etc. Presque tous ces barons avaient eu, comme nous venons de le voir, des guerres antérieures à soutenir contre Richard. Enfin il espère même que Philippe-Auguste se joindra à la ligue : « Quant au roi Philippe (1), nous verrons bien, dit-il, si c'est l'exemple de son père ou celui de Charlemagne qu'il voudra suivre (2). »

Cette ligue (3), malgré tant de belles espérances, paraît avoir avorté au début; car nous ne trouvons dans les historiens aucune trace de son action. Les deux seuls faits de guerre que l'on signale en 1181 sont les suivants : Le 24 juin, d'après G. du Vigeois, Richard ordonne aux Limousins d'abattre leurs murailles, ce qui est exécuté, et le 15 août, toujours d'après la même source (4), il s'empare de Lectoure sur Vézian de Lomagne, un de ceux que Bertrand de Born ne rangeait que parmi ses futurs alliés. Le premier fait est même contesté par l'auteur de la Chronique de Saint-Martin de Limoges, qui le reporte à l'année suivante. Richard était si peu retenu dans ses domaines, que nous le trouvons, au mois de novembre 1181, à côté de son frère aîné, dans l'armée levée par Philippe-Auguste contre le comte de Flandre (5). Bertrand de Born dut profiter de cette absence pour ranimer le zèle de ses trop faibles alliés. C'est probablement l'époque de la pièce *Un sirventes fatz*. Elle commence ainsi : « Je fais un sirvente contre les lâches barons, et jamais plus d'eux vous ne m'entendrez parler. Car j'ai brisé en eux plus de mille aiguillons sans pouvoir en faire courir ou trotter un seul. » Ils se laissent déshériter sans se plaindre. Que Dieu les maudisse! Hé! que pensent-ils donc faire? Il n'y en a pas un qu'on ne puisse à loisir

(1) Cette strophe ne permet pas de placer le sirvente en 1179, comme le veut Augustin Thierry (*Conquête de l'Angleterre*, livre X).

(2) J'adopte ici, non la leçon de Raynouard, mais celle de plusieurs manuscrits qui portent *paireia* au lieu de *panteya*. *Paireiar* est un verbe formé évidemment avec le mot *paire* (père), et qui doit signifier : « faire comme son père. » Je n'en connais pas d'autre exemple. Mais il fournit un meilleur sens que *panteyar*.

(3) Elle s'était conclue et jurée à Saint-Martial de Limoges (Voir la pièce *Ges no mi desconort*).

(4) Voir Geoffroy du Vigeois (*Histor. de France*, t. XII, p. 448 et 449).

(5) Voir G. de Cantorbéry (R. Twysden, col. 1459), les Annales de l'abbaye d'Anchin (*Hist. de France*, t. XVIII, p. 534), la Généalogie des comtes de Flandres (*Histor. de France*, t. XVIII, p. 560), Raoul de Dicet (*Histor. de France*, t. XVII, p. 619).

tondre, raser, ou ferrer des quatre pieds. Ce serait pourtant le
moment pour Adhémar, Archambaut et Gui, de montrer leur
valeur.

Les barons se réveillèrent enfin. En 1182 nous avons en Périgord d'importants faits de guerre. Le 15 avril 1182, Richard
s'empare du Puy-Saint-Front, c'est-à-dire de l'une des deux villes
que formait Périgueux. Puis il passe à Excideuil, dont il ravage le
territoire. Cependant Henri II, qui venait de ramener la concorde
entre Philippe-Auguste et le comte de Flandre, arrive à Gram-
mont, ou s'engagent des conférences pour la paix avec le comte de
Périgord, celui d'Angoulême, et le vicomte de Limoges. Ces négociations n'aboutissent pas : Richard revient assiéger le château
d'Excideuil, et s'empare du bourg. Puis, laissant Excideuil, vers
le 24 juin, il va mettre le blocus devant le Puy-Saint-Front (1).
Son père et son frère aîné viennent l'y rejoindre, ce dernier le
1er juillet. Les négociations pour la paix reprennent alors, et
aboutissent à des traités entre Richard d'un côté, et de l'autre le
comte de Périgord et le vicomte de Limoges. Les comtes d'Angoulême, Guillaume et Adhémar, restaient en dehors de la paix : le
vicomte de Limoges s'engageait à ne pas les aider (2).

(1) Le siége de Périgueux, que la Table du XIIᵉ vol. de D. Bouquet place en
1175, doit être rétabli en 1182.
(2) Pour tous ces événements, voir Geoffroy du Vigeois (D. Bouquet, t. XVIII,
p. 212).

CHAPITRE V.

SCISSION ENTRE RICHARD ET SES FRÈRES. — MORT DU JEUNE ROI.

Sur ces entrefaites, la guerre entre le jeune roi et son père, qui couvait depuis si longtemps, parut s'éteindre au lieu d'éclater. Benoît de Peterborough [1] raconte en effet un accord qui intervint, vers la fin de 1182, entre Henri II et son fils.

Cette fois Henri II fit des concessions : il offrit à son fils de lui donner par jour 100 livres de monnaie angevine pour lui-même et 10 livres pour sa femme. En outre, il promettait de payer à ses frais pendant une année cent personnes de l'entourage de son fils. Le jeune roi accepta ces conditions et revint à son père. Mais ses amis et les barons de Poitou continuèrent à le pousser à la révolte et à l'exciter contre son frère. C'est l'époque du sirvente *D'un sirventes nom cal*. Le troubadour ne peut se contenir plus longtemps ; il faut qu'il lance un sirvente. Jamais il n'eut pour cela d'aussi bonnes raisons. Le jeune roi ne vient-il pas de renoncer à ses griefs contre Richard ! Et pourquoi ? Parce que son père le lui commande. La belle excuse ! Puisque Henri n'a pas de terre à lui et sous ses ordres, qu'il soit le roi des lâches ! Car c'est agir en lâche, pour un roi couronné, c'est mal ressembler aux preux illustres, que de vivre ainsi à la ration et d'accepter un service de rentes. Lui qu'on aimait tant en Poitou [2] ! Cette conduite le rend indigne d'affection. Ce n'est pas en dormant qu'on peut arriver à être roi d'Angleterre, à conquérir l'Irlande, à gouverner la Normandie, l'Anjou, le Poitou, l'Aquitaine. « Je voudrais, » dit en terminant Bertrand de Born, « que le comte Geoffroy fût le premier né ; car lui du moins est un courtois. »

La *razo* de ce sirvente nous dit qu'après avoir accepté la transac-

[1] *Histor. de France*, t. XVII, p. 451.
[2] Le *Lexique roman*, au mot *truanda*, traduit en *Peitau* par : *le seigneur Poitou* !

tion proposée par son père, le jeune roi alla courir les tournois
en Lombardie. Ce voyage en Lombardie (1) paraît n'avoir jamais
eu lieu que dans l'imagination de l'auteur de la *razo*.

Mais l'entente devait être de courte durée.

Les chroniqueurs ne sont pas tous parfaitement d'accord sur les
circonstances qui précédèrent et accompagnèrent la déclaration
de guerre entre Richard et Henri le Jeune. La chronique dite de
Benoît de Peterborough donne sur ce point un long récit fort em-
brouillé, qui, si on l'examine de près, se présente à nous, non
plus comme un récit continu, mais comme une suite de deux versions différentes des mêmes événements. Le chroniqueur a reproduit l'une après l'autre ces deux versions, sans s'apercevoir que
c'étaient deux récits d'un même fait. Il importe donc tout d'abord,
pour éclaircir les choses, de séparer les deux versions juxtaposées.

Voici la substance de la première (2) :

Le samedi 25 décembre 1182, Henri II et ses trois fils,
Henri, Richard et Geoffroy, se trouvent réunis à Caen. De là
les quatre princes se dirigent vers Angers ; quand ils sont arrivés
au Mans, sur l'invitation de Henri II, Geoffroy prête à son frère
aîné le serment d'hommage pour le comté de Bretagne. Richard,
prié d'en faire autant pour le duché d'Aquitaine, refuse (*quia adeo
erat ille illustris, nobili prosapia ortus, sicut et ille*) ; puis il se sou-
met à la volonté de son père ; mais alors c'est Henri le Jeune qui ré-
siste. Suit une querelle entre les deux frères, après laquelle Richard
quitte la cour paternelle, la menace à la bouche. Henri le poursuit
en Poitou, où un grand nombre de châteaux se rendent à lui,
tandis que Geoffroy va rassembler une armée en Bretagne.
Henri II permit cette guerre pendant quelque temps, et n'intervint que lorsqu'il put craindre un dépouillement complet de Richard et même un fratricide.

La seconde version (3) diffère sensiblement de la première :

Le jour de la Circoncision, Henri le Jeune jure spontanément
une fidélité éternelle à son père, et, pour lui montrer qu'il ne
veut garder aucun sentiment secret, il lui révèle qu'il s'est lié aux
barons d'Aquitaine contre son frère, parce que celui-ci a fortifié
Clairvaux, situé *in patrimonio sibi post patrem suum debito*, et il
supplie son père d'enlever le château à Richard pour le retenir
sous sa propre garde. Richard, averti par son père, se décide,

---

(1) On pourrait corriger *Lombardie* en *Normandie*.
(2) Stubbs, 1, 291.
(3) *Id.*, 294.

après un premier refus, à s'en remettre à la volonté paternelle.
Les quatre princes se rendent alors à Angers, où les trois fils
s'engagent par serment à observer *in perpetuum* la paix que leur
imposera leur père. On fixe jour et lieu pour signer le traité.
Geoffroy est envoyé aux barons d'Aquitaine pour les convoquer à
cette ratification de paix et faire cesser les hostilités. Mais,
au lieu de remplir sa mission pacifique, il s'allie aux ennemis de son père. Henri part à son tour sous prétexte de calmer
Geoffroy et les barons, mais il n'en fait rien; et Henri II, arri-
vant quelque temps après à Limoges, plein de confiance, est reçu
à coup de flèches.

Le récit de Raoul de Dicet (1) est comme une conciliation des
deux précédents. Pour éviter des luttes de rivalité, trop naturelles
entre plusieurs frères, Henri II demande à son fils aîné de recevoir l'hommage de Geoffroy pour le comté de Bretagne. Ce qui a
lieu à Angers. Puis Henri II s'occupe de faire recevoir au même
titre par son fils aîné l'hommage de Richard pour le duché d'Aquitaine. C'est alors que le jeune roi révèle à son père qu'il s'est lié
par de nombreuses alliances aux barons d'Aquitaine contre son
frère Richard à cause de la forteresse de Clairvaux; cependant il
promet de faire ce que son père demande, pourvu que Richard lui
jure fidélité sur les saints évangiles. A ces mots, emportements
de Richard. Henri II ordonne alors à ses fils de marcher contre
Richard, pour dompter son orgueil. — Quant à Geoffroy du Vigeois (2), il se contente de dire que la querelle entre les trois
princes éclata aux fêtes de Noël 1182; que Geoffroy arriva à Limoges après le 2 février, et que son frère aîné l'y rejoignit presque aussitôt. Henri II n'intervint qu'un peu plus tard. — Citons
enfin, comme dernière autorité, Robert du Mont (3), qui signale, à l'année 1182, la discorde qui s'éleva entre le roi et ses
fils, et lui donne pour cause la forteresse de Clairvaux.

Les faits certains qui résultent de ces divers récits sont les suivants : Le 25 décembre 1182, Henri II tenait sa cour à Caen; peu
de jours après, soit à Angers, soit au Mans, Geoffroy, sur la demande de son père, rend hommage à son frère Henri pour le
comté de Bretagne. Richard, prié d'en faire autant, refuse d'abord,
et provoque ainsi une discussion dans laquelle intervient un grief

(1) Twysden, col. 617,
(2) *Histor. de France*, t. XVIII, p. 213.
(3) *Histor. de France*, t. XIII, p. 326. — *Société de l'Histoire de Normandie* :
Chronique de Robert de Torigni, édit. Léopold Delisle, t. II, p. 115.

4

antérieur, celui de la forteresse de Clairvaux. Les deux frères
conviennent cependant de s'en rapporter à l'arbitrage de leur père.
Mais, postérieurement à cette convention, la querelle s'envenime
et la guerre éclate. Henri II n'intervint sérieusement que lorsqu'il vit les affaires de Richard trop compromises. Geoffroy n'arriva à Limoges qu'après le 2 février; il avait eu sans doute le
temps de réunir une armée en Bretagne. Henri le Jeune le rejoignit à Limoges.

Il est un autre point qu'il nous faut éclaircir : c'est l'intervention de Henri II dans la lutte engagée entre Richard et ses deux
frères. Cette lutte n'avait guère pu commencer avant l'arrivée
successive à Limoges de Geoffroy et de Henri le Jeune, arrivée
que Geoffroy du Vigeois place dans les premiers jours de février.
En effet, il avait bien fallu un mois pour former des corps d'armée et redescendre d'Anjou ou de Bretagne en Limousin. Dans
le courant du même mois de février, Henri II arrivait à son tour
à Limoges avec l'intention évidente de surveiller les événements.
Il se présente d'abord avec une escorte peu nombreuse, *cum paucis,*
nous disent Geoffroy du Vigeois et Peterborough (2e récit) ; mais,
soit par suite d'une erreur, soit autrement, il manque d'être mas-
sacré avec ses compagnons par la garnison du château de Limoges, et il reçoit même un projectile. Ce fait se renouvela plusieurs
fois dans la suite, soit contre lui-même, soit contre ses envoyés,
dont plusieurs furent tués sous les yeux mêmes des deux jeunes
princes, qui ne songèrent à punir aucun de ces crimes. B. de
Peterborough entre à ce sujet dans beaucoup de détails, et nous
raconte comment il y eut constamment des pourparlers entre
Henri II et son fils aîné, celui-ci allant sans cesse de son père
aux barons d'Aquitaine, sous le prétexte de négocier la paix, mais
en réalité pour empêcher Henri II d'agir et pour permettre à
Geoffroy de ravager à son aise les terres paternelles. Pendant ces
divers événements, Henri II ne paraît pas avoir quitté Limoges.
Depuis le 1er mars, d'ailleurs, il avait commencé le siége du
château. Si nous nous en tenions à B. de Peterborough, nous
devrions croire que le seul rôle de Henri le Jeune dans cette
guerre fut de tromper constamment son père par des négociations
factices ; mais la chronique de Geoffroy du Vigeois s'accorde avec
les sirventes de Bertrand de Born pour établir qu'il eut un rôle
beaucoup plus actif. L'auteur de la chronique de Peterborough est
un guide précieux pour suivre les princes d'Angleterre dans leurs
voyages à travers la Normandie ou les provinces voisines. Mais
il perd toute sa précision pour les événements du Midi, à propos

desquels il ne donne plus que des indications géographiques très-rares et des dates encore plus rares. Quoi qu'il en soit, nous savons par Geoffroy du Vigeois (1) qu'à partir de la fin de février, et pendant tout le carême, les ennemis de Richard firent des progrès rapides dans le Périgord, l'Angoumois et la Saintonge, et que, si le 1ᵉʳ mars Henri le Jeune était au château de Limoges, le 17 avril, jour de Pâques, il occupait Angoulême avec une forte armée. Peu de temps après, toujours d'après la même source, le duc de Bourgogne et le comte de Toulouse vinrent se joindre au jeune roi contre Richard. Cependant les barons d'Aquitaine avaient agi de leur côté. Geoffroy du Vigeois nous raconte assez longuement leurs ravages. Adhémar de Limoges et Raymond de Turenne paraissent y avoir joué le principal rôle.

Deux pièces de Bertrand de Born se rapportent aux événements que nous venons de résumer. La première est *Seigner en coms* (2); nous aurions été fort embarrassé de la dater, sans les trois derniers vers ainsi conçus : « Si le comte Geoffroy ne s'éloigne pas, il aura le Poitou et la Gascogne, bien qu'il ne sache pas courtiser les belles. » Il est clair, d'après ces trois vers, que le sirvente a été composé à une époque où Geoffroy était en lutte avec Richard, et où Bertrand de Born était lui-même ennemi de Richard. Or ces deux conditions ne se trouvent réalisées qu'en 1183.

Dans cette pièce, Bertrand de Born reproche longuement à un comte, au nom des lois de la galanterie, de n'être pas allé à un rendez-vous que lui avait demandé une dame. Ce comte ne peut guère être que Geoffroy, qui, d'après le dernier vers, « ne sait pas courtiser les belles. » On peut s'étonner que de tels reproches aient été adressés à Geoffroy par Bertrand de Born, à une époque où l'un et l'autre devaient avoir bien autre chose en tête. Une strophe, difficile à expliquer, mais où il est question d'Adhémar de Limoges, va peut-être, malgré son obscurité, nous fournir l'explication de cette bizarrerie. Nous y relevons en effet ces mots : « Adhémar est un galant si accompli qu'il ne bouge ni ne se revêt de sa broigne. » Voilà un reproche absolument opposé au premier, et bien plus naturel en pareille circonstance. Dès lors, il me semble possible d'admettre que les reproches adressés à Geoffroy sont une feinte, et que le rendez-vous même, auquel il aurait manqué, a pu être imaginé par Bertrand de Born pour blâmer

_____

(1) *Histor. de France*, t. XVIII, p. 215 et suiv.
(2) *Archiv de Herrig*, vol. XXXIV, p. 188.

indirectement l'inertie d'Adhémar, qu'on accusait sans doute de s'attarder près d'une dame.

Dans cette hypothèse, nous placerions le sirvente *Seigner en coms* au mois de février 1183, au moment où Geoffroy est déjà arrivé à Limoges, et où l'on y attend encore Adhémar. Geoffroy du Vigeois nous dit en effet qu'Adhémar n'arriva à Limoges qu'après Geoffroy, et même après Henri le Jeune.

Avec le sirvente *Ieu chan quel reis*, nous sommes en pleine lutte. Bertrand de Born chante parce que le *roi* l'en a prié. Ce roi est évidemment le jeune roi, — désigné ainsi d'une façon plus précise dans la strophe suivante, — c'est-à-dire Henri le Jeune. La Saintonge vient d'être délivrée, et Henri le Jeune s'est emparé d'Angoulême. Ces faits, indiqués dans la deuxième strophe, sont exactement conformes au récit de Geoffroy du Vigeois, que nous avons résumé plus haut. La guerre a commencé en Limousin ; mais Bertrand de Born annonce qu'on va la porter au nord, entre la France et la Normandie. « Je veux, » ajoute-t-il, « qu'on entende crier Arras ! et Montjoie ! et Dieu aide (1) ! » Le duc de Bourgogne a promis son secours, et Bertrand de Born s'en réjouit. Mais Philippe-Auguste ne se décide pas : « Il étame sa conduite ; bien mieux vaudrait qu'il la dorât. »

> Car vey que sos fagz estanha,
> Quel valrion mais daurat.

Bertrand de Born compare cette guerre à la révolte des villes lombardes contre Frédéric Barberousse. « Quand ce jeu sera joué, » dit-il ailleurs (Ire strophe), « nous saurons auxquels des fils restera la terre. » C'était bien en effet une guerre de succession, avec cette circonstance particulièrement odieuse, que le père dont les fils se disputaient l'héritage n'était pas mort encore et prenait part à la lutte.

Un événement imprévu allait changer complétement la situation. Le 11 juin de cette même année 1183, Henri le Jeune mourut à Martel. Cette mort, qui ruinait tant d'espérances, inspira à Bertrand de Born deux de ses plus beaux chants. Ja-

---

(1) Ce sont les cris de guerre des Flamands, des Français et des Normands. Cf. ce passage du *Roman de Rou* (V. 4666) :

« Franceiz crient : Monjoe ! e Normanz : Diez aïe !
» Flamenz crient : Asraz !... »

mais homme n'avait rencontré autant de sympathies, chez ses ennemis même, que le jeune Henri ; et Bertrand de Born fut en
cette circonstance l'interprète ému du deuil général.

Dans *Mon chan fenise*, le troubadour annonce que jamais plus
il ne chantera ; car il a perdu sa raison et sa joie en perdant le
meilleur roi qui jamais soit né. « Vous auriez été, seigneur, si
vous eussiez plus vécu, le roi des courtois et l'empereur des preux.
Car on vous appelait le *roi jeune*, et vous étiez le chef et le père
de la jeunesse et de la vaillance. »

Le *planh* « *Si tuit li dol* » est remarquable, comme le précédent, par l'accent de sincérité et de désolation qui l'anime. Il
offre en outre l'intérêt, au point de vue du rhythme, d'un système
de mots répétés dont on appréciera la valeur : Le premier vers de
chaque strophe se termine par le mot « marrimen ; » le dernier par
le mot « ira, » et le quatrième avant dernier par « jove rei en-
gles. » La répétition constante de ces mots, qui expriment la
douleur ou qui rappellent le nom du prince mort, est comme un
glas funèbre, et produit un effet incontestable de tristesse profonde.

En voici les deux premières strophes :

> Si tut li dol el plor el *marrimen*,
> E las dolors el dan el caitivier,
> Qu'hom anc auzis en est segle dolen,
> Fossen ensems, sembleran tut leugier
> Contra la mort del *jove rei Engles*,
> Don reman pretz e jovens doloiros,
> El mons escurs e tenhs e tenebros,
> Sems de tot joi, ples de tristor et d'*ira*.

> Dolent e trist e plen de *marrimen*
> Son remanzut li cortes soudadier,
> El trobador el joglar avinen.
> Trop an agut en mort mortal guerrier.
> Que tolt lor a lo *jove rei Engles*,
> Vas cui eran li plus larc cobeitos !
> Ja non er mais, ni non crezatz que fos,
> Vas aquest dan, el segle plors ni *ira*.

Je donnerai de ce *planh* une ingénieuse traduction en vers,
due à M. Eugène Magne (1). qui a cherché, — et réussi, — à rendre l'effet de l'original par une disposition semblable :

> Si tous les deuils de la pitié chagrine,
> Tous les regrets amers ou passagers,

(1) Discours de distribution de prix prononcé au lycée de Périgueux.

Nés dans ce siècle où le mal prédomine,
Pesaient ensemble, ils sembleraient légers
Près de la mort du prince d'Angleterre;
Sa perte afflige et la gloire et l'honneur,
Et sur le front des enfants de la terre
Comme un nuage amasse la douleur.

Courtois soldat semble une ombre chagrine;
Vif troubadour, avenant ménestrel,
Ont vu semblable au guerrier qui chemine
Un noir génie, un ennemi mortel :
L'affreuse mort en ce jeune courage
Des généreux leur enlève la fleur;
Il ne sera jamais pour tel dommage,
Jamais assez de larmes de douleur.

Cruelle mort, à notre humeur chagrine
Vante tes coups : nul autre chevalier
Ne leur offrit si vaillante poitrine!
Quelle vertu de son noble métier
Ne distinguait ce jeune homme héroïque?
Si Dieu toujours rendait le droit vainqueur,
Il eût vécu mieux que tel homme inique
Qui pour les bons n'a que mal et douleur.

Du siècle lâche où meurt ma voix chagrine,
Si l'amour fuit, je tiens son rire faux,
Car il n'est rien qui ne tourne en ruine,
Pauvre aujourd'hui, si moins qu'hier tu vaux!
Que chacun aime en ce jeune modèle
A contempler un preux au noble cœur;
Il est parti, ce cœur tendre et fidèle,
En nous laissant déconfort et douleur.

Nous, à celui qui vers l'âme chagrine
Voulut descendre, et mourir parmi nous
En nous sauvant par sa vertu divine,
Comme au Seigneur doux et juste envers tous
Crions merci, pour qu'au prince il pardonne
Selon sa grâce, et que dans sa splendeur,
Au sein des preux, là sa main le couronne
Où ne sera jamais deuil ni douleur.

CHAPITRE VI.

LE SIÉGE D'HAUTEFORT.

Henri II continua la guerre, avec plus d'énergie que jamais, contre les anciens alliés de son fils. Reprenant le siége de Limoges, il s'en empare le 24 juin, et rase le château. Bertrand de Born succombe à son tour. Henri II, ou du moins Richard, arrive devant Hautefort le jour de la Saint-Pierre, c'est-à-dire le 29 juin. Au bout de sept jours, à l'octave de la fête, c'est-à-dire le 6 juillet, la place était prise (1).

Il est question de ce siége d'Hautefort dans les *razos* de trois des pièces de Bertrand de Born. Mais, comme l'auteur des *razos* n'est point un chroniqueur, comme il s'attache avant tout à expliquer les sirventes, il lui arrive, dans chacun des trois récits dont je parle, d'omettre ou d'ajouter certains détails, suivant que ces détails sont ou ne sont pas nécessaires à l'intelligence du sirvente à commenter. Il en résulte que, tout d'abord, on peut croire qu'il s'agit de trois siéges différents. Par exemple, dans l'une des *razos* il fait assiéger Hautefort par Henri II et le roi d'Aragon, dans une autre par Henri II et Richard, dans la troisième il ne parle que de Richard. Mais ces indications ne sont pas contradictoires, et se concilient fort bien : elles se complètent. D'ailleurs, ce qui lève tous les doutes, c'est que dans l'une de ces *razos*, celle de *Ges de far sirventes*, le biographe provençal renvoie formellement à la *razo* de *Pois lo gens* comme se rapportant aux mêmes faits : « ... Le roi lui rendit Hautefort et lui pardonna, ainsi que le comte Richard, tous ses torts, comme je vous l'ai raconté dans l'histoire qui précède le sirvente *Pois lo gens* (2). »

___

(1) Voir Geoffroy du Vigeois, qui est très-précis pour la date. L'*Histoire du Languedoc* et la table du XVIII° volume des *Historiens de France* indiquent à tort le 1er juillet comme la date de la prise d'Hautefort.

(2) L'auteur du *Tyrtée du moyen âge* n'a pas pris garde à cette phrase si

La présence du roi d'Aragon et de Richard au siége d'Hautefort est confirmée par Geoffroy du Vigeois. Mais ce chroniqueur ne parle pas de Henri II, et, comme il écrivait l'année même du siége et dans le pays même, il est impossible de suppléer à son silence sur ce point par le récit, toujours sujet à caution, de l'auteur des *razos*. Nous admettrons donc que ce fut Richard, et non pas Henri II, qui assiégea Hautefort. Il y a une objection : c'est que le biographe provençal ne se contente pas de mentionner la présence de Henri II au siége ; il va plus loin, il raconte en détail une scène fort touchante, aussitôt après le siége, entre Henri II et Bertrand de Born. Je répondrai qu'on peut très-bien, tout en admettant cette scène, la placer un peu plus tard que ne le dit le biographe, et croire que les choses se sont passées après le siége d'Hautefort comme après celui d'Angoulême en 1176 : Richard vainqueur aurait alors renvoyé Bertrand de Born à Henri II, comme il l'avait fait précédemment pour le comte d'Angoulême et ses alliés. Henri II ne devait pas être d'ailleurs très-loin d'Hautefort.

Nous sommes d'autant mieux fondé à reculer un peu la scène à laquelle nous venons de faire allusion, que, si on suivait à la lettre le biographe, on rendrait absolument inexplicable un des sirventes de Bertrand de Born. En effet, la *razo* raconte qu'*aussitôt* après la prise d'Hautefort par Henri II, Bertrand de Born fut conduit au pavillon du roi, et que là, après une scène touchante, Henri II lui pardonna et lui rendit son château. Or, dans un de ses sirventes, dans *Ges no mi desconort*, dont la date est absolument certaine, et qui ne peut pas se rapporter à une autre époque, Bertrand de Born demande précisément à Richard de lui rendre Hautefort. Cette restitution ne lui a donc pas été faite si rapidement; il y a donc eu un intervalle assez long entre la prise du château et le pardon du vainqueur. Enfin, comme dernier argument, j'alléguerai le passage déjà cité de Geoffroy du Vigeois, où il est dit formellement que Richard rendit Hautefort à Constantin de Born. La réconciliation de Richard et de Henri II avec Bertrand de Born ne fut donc pas immédiate.

Ces points établis, voici comment on peut reconstituer la suite des faits d'après la chronique de Geoffroy du Vigeois, d'après la

explicite, et, ne s'arrêtant qu'aux différences apparentes des trois récits, il a imaginé trois siéges d'Hautefort au lieu d'un. Il les place à de longues années de distance l'un de l'autre, et il ajoute, de son propre fond, un grand nombre de détails. — L'*Histoire littéraire de la France* (t. XVII, p. 430 et 431) commet la même erreur et parle de deux siéges d'Hautefort, dont un antérieur à la mort du jeune roi.

substance des trois *razos*, et d'après les sirventes de Bertrand de Born :

Après la mort du jeune roi son frère et la défaite ou la soumission des principaux seigneurs, Richard se présente devant Hautefort avec l'intention de s'emparer du château et de le restituer à Constantin de Born, frère de Bertrand (1). A Richard s'était joint le roi d'Aragon, qui était venu au secours de Henri II (2). Quand il sut que le roi d'Aragon était dans l'armée de Richard, Bertrand de Born s'en réjouit fort, car c'était un de ses bons amis (3). Sur ces entrefaites, les assiégeants vinrent à manquer de vivres. Alors le roi d'Aragon, s'adressant à l'amitié de Bertrand de Born, le fit prier d'envoyer de la viande, du pain et du vin. Bertrand fit généreusement ce qu'on lui demandait, et en retour du service rendu, il pria le roi d'Aragon de faire diriger les machines de guerre contre une autre partie des murailles, attendu que la partie déjà attaquée menaçait ruine. Le roi d'Aragon, ingrat et traître, s'empressa de transmettre à Richard l'important secret que Bertrand venait de lui confier (4). On doubla le nombre des machines dirigées contre la partie faible, et Bertrand de Born, ainsi trahi et privé de tout secours, dut se rendre.

A peine dépouillé de son château, Bertrand songea au meilleur moyen de le recouvrer. Il ne fallait plus penser à reprendre la lutte : ses anciens alliés l'avaient tous abandonné. Il se tourna sans scrupule vers son vainqueur, et fit appel, par le sirvente *Ges non mi*, à la générosité de Richard. Celui-ci le renvoya à Henri II, qui reçut fort mal Bertrand de Born : « Vous avez prétendu, lui dit-il, que jamais vous n'eûtes besoin de la moitié de votre sens (5). Sachez que voici le moment où il vous le faudra tout entier. — Seigneur, dit Bertrand, il est vrai que je l'ai dit, et c'était bien la vérité. — Et le roi répondit : Je crois bien qu'il vous manque aujourd'hui. — Seigneur, dit Bertrand, il me manque bien en effet. — Et comment? dit le roi. — Seigneur, le jour où le vaillant jeune roi votre fils mourut, je perdis le savoir, le sens et la connaissance. » Quand le roi entendit ce que Bertrand disait, en pleurant, de son fils, son cœur s'émut, ses yeux se mouil-

(1) *Razo de Ges de far*.
(2) Geoffroy du Vigeois, *Histor. de France*, t. XVIII, p. 218.
(3) *Razo de Pos lo gens terminis*. Nous avons vu cependant qu'en 1177 il avait lancé un sirvente, non pas précisément contre le roi d'Aragon, mais du moins en faveur de son ennemi le comte de Toulouse.
(4) *Razo de Pois lo gens*.
(5) Cf. un vers du sirvente *Un sirventes on motz* (Voir ci-dessus page 31).

lèrent et il se pâma de douleur. Quand il revint à lui, il dit en pleurant à Bertrand : « Ce n'est point à tort ni sans raison que vous avez perdu le sens à cause de mon fils, car il vous voulait plus de bien qu'à homme du monde. Et moi, pour l'amour de lui, je vous restitue votre liberté, vos biens et votre château, et je vous rends mon amour et ma faveur. Et je vous donne cinq cents marcs d'argent pour réparer les dommages qu'on vous a causés. » Bertrand tomba aux pieds du roi et lui rendit grâces (1). Le roi ajouta : « Qu'Hautefort t'appartienne. Tu dois bien l'avoir par raison, après avoir fait à ton frère si grande félonie (2). — Seigneur, grand merci, reprit Bertrand de Born. Bien me plaît un tel jugement. » Et plus tard, quand Constantin réclama près de Henri II, Bertrand montra au roi le jugement rendu par lui, car il l'avait fait écrire. Et le roi en rit beaucoup (3).

La razo de Ges de far ajoute que Constantin ne se tint pas pour battu, et qu'il fit longtemps, quoique en vain, la guerre à Bertrand avec le secours des barons ses amis. Ce qui est sûr, c'est que Constantin de Born, vers la fin de 1183, au mois d'octobre, s'allia au chef de routiers Mercadier pour exercer des ravages dans toute la contrée, et notamment pour rançonner le monastère de Pompadour. Ces faits amenèrent même des dissentiments dans la famille de Lastours : les Lastours alliés à Bertrand de Born refusèrent de rendre hommage aux Lastours alliés à Constantin, qui constituaient la branche aînée (4).

Après ces explications, quelques mots suffiront à résumer les sirventes.

Dans Ges no mi desconort, Bertrand exprime sa confiance en Richard, qui l'a accueilli par un baiser de pardon lorsqu'il s'est présenté devant lui pour lui demander merci. Il promet à Richard son dévouement le plus absolu (5); il le prie d'être généreux, de lui rendre son château, de faire comme la mer qui garde en elle ce qui tombe de bon dans son sein, et qui jette le reste au rivage. « Un ami qui ne fait pas de bien est comme un ennemi qui ne fait pas de mal. »

> Ses pro tener amic
> Tenc per egal

(1) Razo de Pois lo gens.
(2) Cette félonie est l'expulsion violente dont nous avons parlé à la fin de notre chapitre des Premiers sirventes.
(3) Razo de Ges de far.
(4) Geoffroy du Vigeois, Histor. de France, t. XVIII, p. 221.
(5) Nous verrons qu'il tint parole.

Com faz mon enemic
Que nom fai mal.

Il se plaint vivement d'avoir été abandonné et trahi par tous ses alliés, et il déclare qu'il renonce à guerroyer pour l'amour d'Adhémar. Il envoie son sirvente à sa dame.

Dans *Ges de far*, Bertrand de Born, à qui le roi et Richard ont rendu Hautefort, se félicite de son habileté et du succès qu'il a obtenu (1). Il a Hautefort et le gardera contre tous, puisqu'il *doit* l'avoir. « J'en crois le jugement de mon seigneur le roi. » Il saura défendre la terre de ses enfants contre son frère qui voudrait tout; mais il ne refuse pas de lui donner une part : « Et on parlera ensuite du mauvais cœur de Bertrand ! »

Pois diran que mals es Bertraus !

Mal inspirés seront ceux qui viendront contester ses droits, car il n'a pas de repos qu'il ne se soit vengé de ceux qui lui font tort; et quand la paix est faite de toutes parts, il lui reste toujours « un pan de guerre. »

(1) L'*Histoire littéraire de la France* (t. XVII , p. 428) interprète à tort ce sirvente comme la dénonciation d'une nouvelle ligue préparée contre Bertrand de Born.

CHAPITRE VII.

LES SIRVENTES CONTRE LE ROI D'ARAGON.

Bertrand de Born n'oublia pas de longtemps le rôle joué par le roi d'Aragon au siége d'Hautefort. Il s'en vengea par des sirventes.

Il commence l'un d'eux, *Pois lo gens terminis*, en disant que la gentille saison fleurie, se déployant joyeuse et gaie, lui a inspiré le désir de faire un nouveau sirvente, pour apprendre aux Aragonais le déshonneur de leur roi, qui est venu se mettre à la solde du roi d'Angleterre :

> Pois lo gens terminis floritz
> S'espandis jauzions e gais,
> M'es vengut en cor que m'eslais
> De far un novel sirventes,
> On sapchon li Aragones
>   Qu'ab mal agur,
> D'aco sion il tuit segur,
> Sai venc lo reis, don es aunitz,
> Esser soudadiers logaditz.

Ce début nous permet de placer le sirvente au printemps qui suivit la prise d'Hautefort, c'est-à-dire au printemps de 1184. Aucune des allusions contenues dans le sirvente ne se rapporte à des faits postérieurs à 1184.

Bertrand de Born insiste particulièrement sur la rapide fortune et la basse extraction des rois d'Aragon, qu'il faudra renvoyer « là d'où ils sont partis, à Millau et en Carladais. »

L'auteur des *razos*, commentant ce passage, nous donne la généalogie suivante des rois d'Aragon : Pierre, seigneur de Carlat, prit pour femme la comtesse de Millau, et en eut un fils qui conquit le comté de Provence. Un autre de ses descendants, nommé Raymond-Bérenger, conquit le comté de Barcelonc et le royaume d'Aragon. Raymond-Bérenger mourut en revenant de Rome, où il était allé se faire couronner. Il laissait trois fils : l'un fut Alphonse, roi d'Aragon, celui qui trahit Bertrand de Born, les deux autres se nommaient Sanche et Bérenger de Bésalu.

Cette généalogie a grand besoin d'être rectifiée. Si nous consultons l'histoire, nous verrons que le royaume d'Aragon et les comtés de Barcelone et de Provence étaient réunis sous la même main par suite de deux mariages : en 1112 Raymond Bérenger III, comte de Barcelone, avait épousé Douce, héritière du comté de Provence et des vicomtés de Millau et de Carlat (1); et en 1137 Ramire le Moine, roi d'Aragon, avait donné sa fille avec son royaume à Raymond-Bérenger IV, déjà comte de Barcelone et de Provence (2). A toutes ses possessions vint, en 1172, se joindre le Roussillon, que le comte Guinard donna par testament à Alphonse II, fils de Bérenger IV (3).

Dans *Pois lo gens*, Bertrand de Born reproche au roi d'Aragon sa conduite à l'égard de sa fiancée, la fille de l'empereur Manuel; il l'accuse de ne songer qu'à s'engraisser et à boire en Roussillon, et il exprime l'espoir de le voir bientôt dépouillé de toutes ses possessions par ses voisins. Je n'insisterai pas autrement sur les allusions contenues dans ce sirvente, allusions déjà élucidées par Diez (4) et par Milá, et qui se rapportent d'ailleurs à des faits auxquels Bertrand de Born ne prit aucune part.

Bertrand de Born dirigea contre le roi d'Aragon un autre sirvente, *Quan rey pels.* Ses accusations ne portent plus alors sur de grands faits historiques, mais sur des actes de la vie privée d'Alphonse II; aussi sommes nous réduits, pour l'interprétation de cette pièce, aux récits de l'auteur des *razos*.

D'après ces récits, un jour le roi d'Aragon, invité par le seigneur du château de Castellot à entrer chez lui avec sa suite, avait accepté l'offre; puis, à peine entré, il avait fait mettre le seigneur à la porte et gardé le château. Une autre fois, le comte de Toulouse ayant fait prisonniers une cinquantaine de ses chevaliers, alors qu'il se rendait au secours de Henri II, ce dernier crut devoir lui donner la somme nécessaire pour racheter les

(1) *Histoire de Languedoc*, t. II, p. 366.
(2) *Ibid.*, p. 419.
(3) *Ibid.*, t. III, p. 30.
(4) *Leben*, p. 214 et suiv.

prisonniers. Le roi d'Aragon prit l'argent, mais le garda, et les chevaliers durent se racheter à leurs frais. Une autre fois encore, un jongleur du nom d'Artuset lui prêta deux cents marabotins. Cet Artuset, dans une lutte avec des juifs, tua un de ses adversaires ; aussitôt les juifs allèrent trouver le roi d'Aragon, et lui demandèrent de livrer Artuset, en échange d'une nouvelle somme de deux cents marabotins. Le marché fut conclu, et Artuset fut brûlé par les juifs le jour de Noël (1). Enfin le roi d'Aragon se débarrassa encore d'un de ses créanciers, en le livrant à la reine d'Angleterre dont il avait dit du mal.

Telles sont les histoires, plus ou moins authentiques, que Bertrand de Born rappelle dans son sirvente, après avoir déclaré ironiquement qu'il veut se réconcilier avec le roi d'Aragon. Il les avait recueillies de la bouche des ennemis d'Alphonse, de Gaston de Béarn par exemple (2). En terminant, il prie le roi d'Aragon de faire chanter son sirvente au roi de Navarre, et de le répandre dans la Castille.

Un peu plus tard, dans la pièce *Greu m'es deisendre*, dont nous reparlerons, nous trouvons aussi une strophe dirigée contre le roi d'Aragon : Bertrand plaint les Catalans et les Aragonais d'avoir à leur tête un seigneur sans énergie et sans honneur, qui ne sait que chanter ses propres louanges.

---

(1) Un autre troubadour, Guillaume de Berguédan, a fait allusion, dans un sirvente, à l'histoire d'Artuset. (Raynouard, *Choix*, t. V, p. 91.)

(2) Strophe 4.

CHAPITRE VIII.

BERTRAND DE BORN ET MAENZ DE MONTIGNAC.

Avant de poursuivre l'examen des sirventes politiques de Bertrand de Born, nous devons placer ici les relations du troubadour avec la dame Maënz de Montignac, car les principaux incidents de cette aventure suivirent d'assez près le siége d'Hautefort.

Cinq des poésies amoureuses de Bertrand de Born se rapportent, d'après les *razos*, — qui sont notre seule source de renseignements à cet égard, — à son amour pour Maënz de Montignac (1).

L'une de ces pièces, *Rassa tan*, est antérieure au mois de juin 1183, car il y est question de *Marinier*, c'est-à-dire du jeune roi, qui mourut le 11 juin 1183. D'autre part, nous y voyons un comte qui est disposé à envahir et un vicomte qui est disposé à se défendre, au printemps suivant, et la *razo* nous dit que ce comte est Richard et ce vicomte Adhémar de Limoges. On peut donc dater cette pièce de 1176 (2).

Les autres pièces sont postérieures à 1183, car elles ont été composées, nous disent les *razos*, à l'occasion de l'arrivée en Limousin de Guicharde, comme nouvelle vicomtesse de Comborn. Or, si nous ne connaissons pas la date précise du mariage de Guicharde, nous savons, du moins, que cette date doit être placée après 1183, car Geoffroy du Vigeois, qui écrivait sa chronique en 1183, ne parle pas de Guicharde dans sa généalogie des vicomtes de Comborn. D'autre part, ces pièces sont antérieures au mois d'août 1186, car celle que nous devrons placer la dernière par ordre de date est envoyée à *Oui-et-Non* et à *Rassa* (Geoffroy). Or, nous savons que Geoffroy mourut en 1186.

Maënz de Montignac, d'après la *razo* de *Domna pois*, était fille

---

(1) Nous en ajouterons une sixième : *Cel qui camja*, qui n'a pas de *razo*, mais qui se rapporte, comme nous le verrons, à la même aventure.

(2) Voir notre chapitre II.

du vicomte de Turenne ; elle avait deux sœurs : Marie de Ventadour (1) et Elis de Montfort. La première fut chantée par Gaucelm
Faidit (2), la seconde par Raymond Jordan (3). Maënz avait épousé
un Talleyrand (4), frère du comte de Périgord.

La pièce *Rassa tan* est un chant de triomphe. Les autres nous
font assister aux diverses péripéties d'une brouille; la dernière
est le traité de paix.

Dans *Rassa tan* (5), Bertrand de Born décrit et exalte les char-
mes de sa maîtresse ; il se félicite d'avoir été préféré au comte de
Bretagne, au comte de Poitiers, au comte de Toulouse, au roi
d'Aragon, et c'est à l'un de ses rivaux évincés, à Geoffroy, qu'il
adresse son chant d'amour : « Rassa, » lui dit-il, « elle est dédai-
gneuse pour les puissants. Ce n'est ni le Poitou, ni Toulouse, ni
la Bretagne, ni Sarragosse qui peuvent la tenter. Mais elle aime
avant tout la valeur : les preux pauvres lui plaisent, et elle m'a
pris pour son conseiller. » Il fait son éloge en termes très-vifs. Il
vante sa chevelure blonde aux reflets de rubis, sa blanche peau,
« blanche comme la fleur d'épine, » sa gorge ferme, etc.

Mais voici qu'arrive en Limousin la nouvelle vicomtesse de
Comborn, Guicharde, sœur de Guichard, seigneur de Beau-
jeu (6). D'après l'*Art de vérifier les dates* (7), elle était fille de Guichard IV, sire de Beaujolais et seigneur de Montpensier.

Bertrand de Born avait entendu dire tant de bien d'elle avant
son arrivée en Limousin (8), qu'il composa pour elle un chant de
bienvenue, *Ai Lemozis*, où il s'adresse au Limousin, « franche
terre courtoise. » L'arrivée de Guicharde est un grand honneur
pour ce pays; ceux qui sont preux ou prétendent l'être auront à
le montrer, s'ils veulent plaire à Guicharde; car ce qui nourrit
l'amour comme l'eau le poisson, c'est la bravoure, la valeur, la
libéralité.

Maënz, jalouse, vit dans Guicharde une rivale, et donna

(1) Geoffroy du Vigeois (*Labbe*, II, p. 291, *Histor. de France*, t. XII, p. 424),
parle de Marie de Turenne, femme d'Eble de Ventadour. Elle était sœur de
Raymond de Turenne, et par conséquent fille de Boson II.
(2) Voir la biographie de Gaucelm Faidit, Raynouard, *Choix*, V, p. 159.
(3) Raynouard, *Choix*, V, p. 377.
(4) Guillaume Talleyrand, frère d'Hélie V, et fils de Boson III.
(5) Raynouard, *Lexique*, I, 339.
(6) *Razo de Eu m'escondisc*.
(7) Article de Guichard IV, sire de Beaujolais. Les indications de la *razo* et
de l'*Art de vérifier les dates* peuvent se concilier; car Guichard IV eut aussi un
fils qui porta le même nom, et qui fut seigneur de Montpensier.
(8) *Razo de Eu m'escondisc*.

congé à Bertrand de Born (1). Celui-ci proteste en vain de sa fidélité dans la pièce *Eu m'escondisc*, une des plus originales de notre
troubadour. De perfides envieux ont excité contre lui sa dame, si
franche et si loyale. Eh bien ! s'il est coupable, s'il est vrai qu'il
en aime une autre, qu'il ait failli, fût-ce en pensée, il consent à
perdre son épervier, à le voir emporter et plumer par les faucons
laniers, à chevaucher, l'écu au cou, par la tempête, à ne s'asseoir au jeu que pour y perdre, à être vu fuyant le premier dans
les combats.

Après les protestations d'innocence vinrent les ingénieuses flatteries, dans la pièce *Domna pois*, le sirvente de la *Dame choisie*
comme l'appellent les *razos* (2) ; le troubadour feint de se consoler
de la perte de sa maîtresse en se composant une dame idéale avec
des qualités prises à toutes les belles femmes de l'époque : — Puisqu'il ne peut trouver une dame qui égale en beauté, en esprit,
en gaieté, celle qu'il a perdue, il ira partout demandant à chacune
une qualité pour faire une dame choisie : à Sembelis, il prendra
la fraîcheur de son teint et son doux regard amoureux ; à la vicomtesse de Chalais (3), sa gorge et ses fines mains ; à Agnès de Ro-
chechouart, ses beaux cheveux, plus beaux que ceux qui firent
la renommée d'Yseult, la dame de Tristan... — Il continue ainsi
avec une verve sans cesse renouvelée, et qui justifie l'opinion de
Diez sur les poésies amoureuses de Bertrand de Born (4).

Puis vient la période de l'irritation et du dépit, où, par la pièce
Cel qui camja (5), il rompt avec Maënz pour se consacrer à Guicharde. C'est ainsi du moins que je crois pouvoir interpréter cette
pièce, qui ne nous est expliquée par aucune *razo*. « Limousin,
bien vous doit plaire, que soit venue vers vous *Mieux-que-Bien*. »
Mieux-que-Bien est un de ces noms de convention que les troubadours donnaient à leurs dames : c'est évidemment de Guicharde
que le troubadour veut parler. Dans la première strophe, il se
vante d'avoir « changé le bon pour le meilleur ; » il accuse une
dame qu'il aimait de l'avoir trahi. Il a failli en mourir de douleur ; il en est guéri cependant, et elle ne saurait trouver mauvais
qu'il revienne à l'espérance. — Ces paroles s'appliquent fort bien

(1) *Razo* de *Eu m'escondisc*.
(2) *Ibid.*
(3) C'est la dame Tibors de Montausier que nous allons voir bientôt intervenir
entre Bertrand de Born et Maënz.
(4) *Leben*, p. 180 : « ... sind sie mit den schärferen Farben der Originalität
bezeichnet. »
(5) *Archiv*. de Herrig. 35, 103.

à Maënz, et à l'aventure que nous racontons d'après les *razos*. Toute la pièce est remplie de l'éloge de *Mieux-que-Bien*. Mais il y a beaucoup moins d'originalité que dans les pièces précédentes.

Guicharde paraît n'avoir pas répondu aux avances de Bertrand de Born. Toujours est-il que Bertrand alla offrir ses services et son amour à Tibors de Montausier (1), femme célèbre par sa beauté et son esprit. Tibors lui répondit : « Bertrand, votre démarche m'honore et me réjouit ; mais, d'autre part, elle me déplaît. C'est un honneur pour moi que vous soyez venu me voir et me prier de vous prendre pour chevalier. Mais vous n'avez agi ainsi que parce que madame Maënz vous a donné congé, et c'est ce qui me déplaît fort. Si vous n'êtes pas coupable à l'égard de Maënz, elle arrivera bien à savoir la vérité, et vous rentrerez en grâce auprès d'elle. Si vous êtes coupable, aucune autre dame ne doit vous accueillir ni vous recevoir. Mais je vais m'employer à rétablir la concorde entre vous et elle, et je ferai tant que j'y réussirai. » Bertrand de Born la remercia de ces bonnes paroles ; il promit de ne jamais aimer qu'elle à défaut de Maënz, et Tibors, de son côté, promit de le recevoir pour son chevalier, si elle échouait dans sa tentative de conciliation.

Mais elle réussit. Dans la pièce *S'abrils e fuelhas*, Bertrand de Born la remercie de son heureuse intervention et de son gracieux accueil.

(1) Le troubadour Jordan de Borneil adressa plusieurs chansons à Tibors de Montausier. Voir Raynouard, *Choix*, V, p. 239.

CHAPITRE IX.

Deux sirventes politiques de Bertrand de Born appartiennent à la période qui s'étend depuis la grande révolte de 1183, jusqu'aux premières hostilités entre Henri II et Philippe-Auguste.

La sirvente *Quan la novella* est de cette époque, bien que l'auteur des *razos* le place beaucoup plus tard, après la croisade. Il y a une strophe où Bertrand de Born s'adresse à Rassa, c'est-à-dire à Geoffroy, qui mourut au mois d'août 1186. Plusieurs manuscrits ont omis cette strophe : l'auteur des *razos* avait probablement sous les yeux un manuscrit qui ne la contenait pas. Comme, dans le reste de la pièce, il est question de guerre entre les barons d'Aquitaine et Richard, et que Bertrand de Born est manifestement du parti de Richard, l'auteur des *razos* a naturellement songé, pour dater le sirvente, à l'époque où Richard, revenant de captivité, eut à combattre, sur la dénonciation de Bertrand de Born, les barons ses vassaux qui s'étaient révoltés pendant son absence. Toutefois, même à défaut de la strophe dont nous venons de parler, il était assez difficile d'admettre que Bertrand de Born, après l'avénement de Richard au trône, l'appelât *seigneur de Bordeaux*, comme il le fait dans cette pièce.

Il est donc certain que le sirvente *Quan la novella* doit être placé avant le mois d'août 1186. D'autre part il ne peut être antérieur à la prise d'Hautefort, c'est-à-dire au mois de juillet 1183, puisque Bertrand s'y montre favorable à Richard. Si nous revenons maintenant à la strophe importante qui nous a servi à fixer l'une de ces dates extrêmes, nous verrons que Bertrand de Born reproche à Geoffroy de s'être peu occupé de ses anciens alliés d'Aquitaine, après avoir tiré profit de leur alliance, et il ajoute que si ceux-ci jouissent en ce moment de la paix, ils le doivent au

preux comte Raymond (1). Or, en 1186, le comte Raymond de
Toulouse fit à Richard une guerre active, à laquelle ces vers nous
semblent exactement s'appliquer, car c'était une diversion très-
favorable aux barons d'Aquitaine. Quant à Geoffroy, voici quelle
avait été son attitude depuis la mort de Henri le Jeune : après
une réconciliation temporaire, il avait repris contre Richard la
guerre interrompue. Mais cette lutte nouvelle, après une nouvelle
réconciliation, bientôt encore brisée, s'était terminée enfin, en
1185, par une soumission complète de Richard aux ordres de son
père. Les diverses allusions des vers que nous avons résumés se
trouvent donc résolues, si nous plaçons le sirvente en 1186.
Geoffroy a fait la paix avec son frère, laissant les barons d'Aquitaine à la merci des vengeances de Richard ; mais le comte de
Toulouse, en résistant à Richard et en l'appelant ainsi dans le
Midi, offrait aux barons un nouveau répit. La première strophe
nous permet de préciser encore la date de cette pièce en la plaçant
au printemps de 1186. D'autres strophes font allusion aux dispositions belliqueuses des barons d'Aquitaine à l'égard de Richard,
et contiennent l'annonce d'une nouvelle guerre de Richard contre ses vassaux insoumis, guerre qui, d'ailleurs, n'éclata pas ;
nous n'en trouvons aucune trace dans les chroniques.

Le sirvente peut se résumer ainsi :

Quand la nouvelle fleur paraît dans la verdure, et que les buissons deviennent blancs, verts et vermeils, Bertrand de Born
recouvre son chant comme font les autres oiseaux. Il aime la
plus charmante femme qui soit au monde, mais il n'ose pas le
lui dire. Il ne peut donc pas faire un chant d'amour, mais il fera
un sirvente « frais et nouveau. » Parlant de Richard, il rappelle
tous les murs qu'il a faits et défaits en Limousin, tous les châteaux qu'il a ruinés, tout l'argent qu'il a enlevé, donné et ré-
pandu, tous les coups qu'il a portés et reçus, toutes les privations
qu'il a souffertes. Le sirvente est adressé à Raymond Gauceran,
seigneur de Pinos.

Dans *Greu m'es deisendre*, Bertrand de Born se plaint de n'avoir
vu depuis plus d'un an ni assaut, ni combat. Il accuse de lâcheté
les seigneurs du Poitou, qui sont pleins d'audace à l'entrée
de l'hiver, mais qui perdent leur courage au printemps quand

(1) Les termes de cette strophe pourraient faire croire à des sentiments hostiles de Bertrand de Born à l'égard de Richard. Mais le ton général de la pièce
ne permet pas de s'arrêter à cette impression.

vient le moment d'agir. Il engage Richard à ne pas les ménager, à se faire émouleur pour les aiguiser. Le troubadour annonce une action prochaine des Français, qui se montrent menaçants, mais qui attendront bien le printemps, car l'hiver est dur, pluvieux et froid. Cette pièce a donc été composée dans le courant d'un hiver, probablement de 1186 à 1187, puisque c'est en 1187 que doit éclater la guerre annoncée. Il est difficile d'adopter une autre date; car le sirvente est postérieur à 1183, puisque Bertrand de Born s'y montre favorable à Richard; d'un autre côté il est antérieur à la mort de Henri II, puisque Richard est appelé, comme dans le sirvente précédent, *le seigneur de Bordeaux*.

En troisième lieu, Bertrand de Born se plaint de n'avoir vu depuis plus d'un an ni combats ni siéges; or, entre les deux dates extrêmes que nous venons de fixer, il n'y a que l'année 1186 qui ait été une année de paix pour le Poitou et le Limousin, pendant que Richard combattait le comte de Toulouse. Les années précédentes avaient été occupées par les luttes entre Richard et ses deux frères, luttes qui s'étaient étendues sur le Poitou.

J'ai fait remarquer que, dans les deux sirventes dont nous venons de parler, Richard est appelé le *seigneur de Bordeaux*. Dans tous les sirventes précédents, il est au contraire appelé comte de Poitiers. Or, B. de Peterborough raconte qu'en 1185 Henri II ordonna à Richard de rendre le Poitou à sa mère Eléonore, et que Richard se soumit (1). Telle est peut-être l'origine de l'appellation nouvelle que nous signalons.

A la fin de *Greu m'es deisendre* Bertrand de Born annonce que, pour l'amour de sa dame, on le verra prendre part aux tournois de Poitou.

(1) Stubbs, t. I, p. 337.

CHAPITRE X.

GUERRES ENTRE PHILIPPE-AUGUSTE ET HENRI II.

Les récits contenus dans les *razos*, rapprochés de ceux des chroniques, nous offrent un curieux exemple de la façon dont se forme une tradition populaire. Dans une série d'événements, il y a toujours un caractère dominant et certains personnages qui frappent surtout l'attention publique : c'est ce caractère que saisit plus ou moins exactement la tradition ; c'est de ces personnages, à l'exclusion de tous les autres, qu'elle s'empare, et elle ramène à eux, bon gré mal gré, tous les faits qu'elle s'assimile. Ainsi, pour les guerres qui mirent Philippe-Auguste aux prises avec Henri II, puis avec Richard Cœur de Lion, c'est la lutte entre Richard et Philippe qui subsiste seule dans la tradition, telle que nous la trouvons dans les *razos;* la part de Henri II est complétement omise. Ce qui a contribué d'ailleurs beaucoup à cet oubli de Henri II par les *razos*, c'est que Bertrand de Born met constamment Richard en avant dans ses poésies.

Il en résulte que les *razos* attribuent au temps des guerres entre le roi Philippe-Auguste et le roi Richard plusieurs 'sirventes antérieurs, et qui doivent être rapportés aux guerres entre Henri II et Philippe-Auguste.

Les causes de la lutte entre Henri II et Philippe-Auguste sont diversement exposées par les chroniqueurs : d'après Rigord (1), Philippe-Auguste réclamait l'hommage de Richard pour le comté de Poitou, formalité que Richard différait toujours. En outre, Philippe-Auguste demandait la restitution de Gisors et autres places livrées par Louis VII, son père, comme dot de sa sœur Marguerite, avec stipulation de retour au roi de France, en cas de mort sans enfants. Mais Raoul de Dicet (2) nous dit que, le 10 mars

(1) *Histor. de France*, t. XVII, p. 23.
(2) Twysden, col. 630.

1186, dans la conférence de Gisors, tenue à propos des affaires de
Flandres, le roi d'Angleterre et Philippe-Auguste avaient discuté
cette question et étaient arrivés à un accord amical. D'après Raoul
de Dicet, le but de Philippe-Auguste, en faisant la guerre au roi
d'Angleterre, était d'empêcher celui-ci de poursuivre le comte de
Saint-Gilles.

Quoi qu'il en soit, la guerre éclate vers le milieu de l'année
1187.

La première pièce que nous rencontrons est *Pois li baron*. Ce
sirvente est antérieur à l'avénement de Richard, bien que la *razo*
parle constamment du roi Richard (1), car il y est question
du roi Henri (2). Bertrand de Born se plaint d'une paix conclue
entre les deux rois au moment où ils allaient en venir aux mains.
Le seul fait historique qui réponde à cette situation est la trêve
de deux ans conclue le 23 juin 1187 entre Henri II et Philippe-Auguste sous les murs de Châteauroux (3). Rigord et B. de Peterborough attribuent cette paix imprévue à l'intervention des évêques
et des légats. La *razo* parle aussi de cette intervention, ce qui confirme notre opinion pour la date du sirvente, mais elle ajoute une
autre cause assez vraisemblable, et sur laquelle nous allons revenir, pour expliquer la quatrième strophe. Toutefois la *razo* place
le fait sous les murs de Niort, et sur les rives de la Sèvre; mais
comme les chroniqueurs sont d'accord et indiquent tous Châteauroux, nous croyons pouvoir rectifier la *razo* sur ce point, et
remplacer partout Niort et la Sèvre par Châteauroux et l'Indre.

Voici maintenant, rapidement résumé, le récit de la *razo*. Les
deux armées étaient campées chacune sur une rive du fleuve, et
elle restèrent bien ainsi quinze jours. Chaque jour elles s'armaient
et s'apprêtaient au combat. Mais les archevêques, les évêques, les
abbés et les moines intervenaient et empêchaient la bataille. Un
jour que les deux ennemis étaient sur le point d'en venir aux
mains, Philippe-Auguste répondit aux hommes de l'Eglise qu'il
était bien décidé à ne plus ajourner le combat, à moins que le roi
d'Angleterre ne fît droit à ses justes réclamations. Ce dernier
s'émut peu de cet ultimatum, car il avait acheté les Champenois
et obtenu d'eux la promesse qu'ils ne combattraient pas. Des deux

---

(1) L'*Histoire littéraire de la France* (XVII. 436) suit la *razo*, et place le sirvente après la mort de Henri II. De même Augustin Thierry (*Conquête de l'Angleterre*, livre XI).

(2) Strophe 3.

(3) Voir Rigord (*Histor. de France*, t. XVII. p. 24 et B. de Peterborough.
Stubbs, II, p. 6.

côtés on se prépara donc à la lutte ; mais, au moment de marcher
à l'ennemi, Philippe-Auguste s'aperçut que les Champenois le
trahissaient et ne le suivaient pas. Alors le roi de France fit appe-
ler les évêques, et les pria de porter au roi d'Angleterre des propo-
sitions de paix, qui furent acceptées.

Cette trahison des Champenois est d'autant plus vraisemblable,
qu'elle explique fort bien, et beaucoup mieux que la simple intervention du clergé, seule alléguée par les chroniqueurs, comment
Philippe-Auguste, après une brillante entrée en campagne (1), et
alors que son armée se trouvait pour la première fois en présence
de celle de Henri II, put se décider à signer une trêve de deux ans,
et à renoncer ainsi, pour un laps de temps aussi long, à toutes ses
prétentions. On peut douter qu'il eût cédé si promptement à l'intervention des évêques, s'il n'avait eu d'autres bonnes raisons de
ne pas insister.

Il y a une objection à la date que je propose pour le sirvente, c'est
que dans la troisième strophe Bertrand de Born paraît faire allusion à une prise d'Issoudun par Henri II, tandis qu'au contraire,
d'après Rigord (2), c'est Philippe-Auguste qui s'était emparé de
la ville à cette époque. Mais ne peut-on pas voir dans cette allusion une de ces fausses nouvelles qui se répandent si facilement
en temps de guerre, et dont nous avons pu faire, de nos jours, des
expériences si fréquentes ? Les erreurs de ce genre s'expliquent
encore bien mieux, on le comprend, au douzième siècle (3).

La paix ne faisait pas le compte de Bertrand de Born, ni des
barons ses amis. Aussi s'en plaint-il vivement : « Puisque cette
paix, qu'ont faite les deux rois, pèse aux barons et les irrite, je
ferai une chanson telle que, lorsqu'elle sera apprise, chacun sera
impatient de guerroyer. » Un roi ne doit point rester en paix tant
qu'il n'a pas obtenu satisfaction de ses griefs. Mais les Bourgui-
gnons et les Français ne savent plus ce que c'est que l'honneur.
Quelle honte pour le roi Philippe d'avoir ainsi traité tout armé !
Le roi d'Angleterre a semé tant d'argent dans l'armée ennemie,
que les sacs et les courroies ont enchéri en France. Ce ne sont
point les Angevins ni les Manceaux, ce sont les livres sterling qui
ont déconfit les Champenois.

Les excitations de Bertrand de Born ne devaient pas produire

(1) Voir Rigord (*Histor. de France*, t. XVII, p. 23).
(2) *Ibid.*
(3) Cette strophe, assez obscure, peut d'ailleurs contenir aussi une allusion
à l'article de la trêve, qui donnait Issoudun à Philippe-Auguste jusqu'à la reprise des hostilités (Voir B. de Peterborough, Stubbs, II, p. 7).

de résultat immédiat (1). La chronique de Peterborough nous raconte qu'après la trève de 1187, Richard et Philippe-Auguste se firent les démonstrations d'amitié les plus vives (2). Henri II retarde son départ pour l'Angleterre, inquiété par cette affection subite. Rappelé par son père, Richard feint de se rendre à lui, mais il pille le trésor paternel de Chinon, et part pour le Poitou (3). Cependant son père réussit à le ramener à lui : la réconciliation se fait à Angers (4).

Au moment où Henri II va passer en Angleterre, Philippe-Auguste menace de ravager la Normandie si on ne lui rend Gisors, ou si Richard n'épouse sa sœur. A cette occasion un colloque des deux rois a lieu entre Trie et Gisors, le jour de sainte Agnès, 12 des calendes de février, c'est-à-dire le 21 janvier (5). Les deux rois prennent la croix et conviennent de rester dans le *statu quo* pour leurs dissentiments.

La victoire de Tibériade (1187) venait de faire tomber entre les mains de Saladin la vraie croix et le roi de Jérusalem, Guy de Lusignan ; le 29 septembre de la même année, Jérusalem elle-même avait succombé. Tous les chroniqueurs sont d'accord pour raconter que Richard se croisa le premier sans consulter son père. C'est à ce moment qu'il faut placer la pièce *Nostre senher somonis :* « Celui qui est comte et duc et sera roi (6), » dit Bertrand de Born, « s'est mis en avant, et sa valeur en est doublée. » La vraie croix est prise, le roi est captif, et le sépulcre a besoin de secours. Mais Richard appelle à lui tous les vaillants et tous les preux. On dit aussi que le roi Philippe est croisé. — Nous avons vu, en effet, que Philippe-Auguste se croisa dans la conférence du 21 janvier. Diez place cette pièce à l'avénement de Richard ; mais cette date est inadmissible, puisque, dans la pièce même, Richard est qualifié de *futur* roi (7).

(1) Le sirvente de Bertrand de Born, et particulièrement le vers où il dit que la couronne française « perd la rente et le profit de Gisors » (Raynouard imprime à tort *Niort*), ne furent peut-être pas étrangers à un fait dont nous allons parler : les nouvelles réclamations de Philippe-Auguste menaçant de ravager la Normandie si on ne lui rend pas Gisors.

(2) B. de Peterborough, Stubbs, II, p. 7.

(3) *Ibid.*, p. 9.

(4) *Ibid.*

(5) *Ibid.*, p. 29. Rigord place le même colloque le 13 janvier (*Histor. de France*, t. XVII, p. 25).

(6) Richard, qui était comte de Poitiers et duc d'Aquitaine.

(7) Dans une pièce de la même époque, le troubadour Aimeri de Bellinoy dit de Richard, à peu près dans les mêmes termes : « Celui à qui Dieu donne sens

Cependant plus de deux ans devaient séparer cette prise de croix de la croisade. D'après Giraud le Cambrien et Raoul de Dicet, Henri II, voulant empêcher Richard de partir pour la terre sainte, lui suscita des ennemis en Poitou. Il y eut en effet une insurrection d'Adhémar d'Angoulême, de Geoffroy de Rancone, et de Geoffroy de Lusignan (1). Richard en triompha, et dut descendre ensuite contre le comte de Toulouse, qui avait commis des violences contre des marchands aquitains (2). L'invasion du comté de Toulouse par Richard eut lieu entre la Pentecôte et la Saint-Jean (3). Cependant le comte de Toulouse se plaignit auprès de Philippe-Auguste (4) qui intervint. Cette intervention ayant été infructueuse, Richard recommença à dévaster les terres du comte de Toulouse, qui se plaignit de nouveau à Philippe-Auguste, et celui-ci à Henri II (5). Le roi d'Angleterre répondit qu'il n'en pouvait mais ; Philippe-Auguste entra alors en Berry, et la guerre reprit entre l'Angleterre et la France.

C'est à cette époque que nous plaçons *Al dous nou.* Il y est question d'un démenti donné par le comte au roi. La *razo* nous dit qu'il s'agit de Richard et de Philippe-Auguste, et cependant elle place cette pièce après l'avénement de Richard (6). Si Richard eût été roi, Bertrand de Born ne l'eût pas appelé comte. Il n'y a qu'un moment où Richard, avant d'être roi, ait été *personnellement* en lutte avec Philippe-Auguste : c'est précisément vers le mois de juin 1188, à l'occasion du comte de Toulouse. D'ailleurs l'auteur des *razos* est d'accord avec nous en ce qu'il place *Al dous nou* presque aussitôt après *Pois li baron*. Son erreur, commune pour les deux pièces, consiste à les mettre l'une et l'autre après l'avénement de Richard.

La *razo* ne parle pas du comte de Toulouse. En revanche elle explique le démenti de la façon suivante : Richard ayant exercé des ravages sur les terres du roi de France, malgré la paix jurée, Philippe-Auguste se plaignit vivement, et obtint de Richard une

et vigueur... *qui est comte et sera roi*, accourt le premier au secours du sépulcre... » Raynouard, *Choix,* V. p. 6.

(1) Voir B. de Peterborough, Stubbs, II, p. 34.
(2) *Ibidem.*
(3) Voir Rigord, *Histor. de France,* t. XVII, p. 27.
(4) Voir Rigord, *ibid.,* et Benoit de Peterborough, Stubbs, II, p. 35.
(5) Voir B. de Peterborough, *ibid.*
(6) Augustin Thierry suit la *razo* (V. *Histoire de la conquête de l'Angleterre,* livre XI).

conférence à ce sujet dans la marche de Touraine et de Berry. La discussion s'anima à tel point, pendant cette conférence, que Richard donna un démenti à Philippe-Auguste et le traita de vil mécréant.

Nous ne trouvons dans aucune chronique la confirmation de ce récit. Mais la chronique de Peterborough nous rapporte une réponse de Richard à Philippe-Auguste, qui peut être considérée comme le démenti auquel fait allusion le sirvente. Philippe-Auguste s'étant plaint de la conduite de Richard à l'égard du comte de Saint-Gilles, Richard répondit : « Quod ipse nihil mali fecerat in terra Comitis de sancto Ægidio, nisi per licentiam Regis Francorum, pro eo quod Comes de Sancto Ægidio refutavit esse infra treugas et pacem quas Rex Franciæ et ipse fecerant (1). »

Dans *Al dous nou*, écrit à l'époque de « la saison nouvelle » comme beaucoup d'autres sirventes de Bertrand de Born, celui-ci reproche à Philippe-Auguste de rester inactif après le démenti que lui a infligé le comte. On ne l'a jamais vu d'ailleurs briser une lance sur un écu, ni recevoir une blessure, et il aime la paix plus qu'un moine, tandis que Richard aime plus la guerre qu'aucun des Algaïs. — Les Algaïs, nous dit la *razo*, étaient quatre frères grands routiers et pillards, qui menaient bien avec eux mille cavaliers et deux mille fantassins, et qui ne vivaient que de pillage.

Si l'on ne connaissait Philippe-Auguste que par les sirventes de Bertrand de Born, on aurait une triste idée de sa valeur et de son énergie. L'histoire nous le présente autrement.

La guerre éclate donc de nouveau entre Henri II et Philippe-Auguste. Bertrand de Born la célèbre dans la pièce *Non estarai*. La *razo* place encore ce sirvente après l'avénement de Richard. Mais il y a deux vers de la 4ᵉ strophe qui s'y opposent formellement : « Si le roi lui (2) donnait le trésor de Chinon, il aurait le pouvoir de faire la guerre, comme il en a le désir. » Ce roi est évidemment Henri II. Nous avons vu qu'en 1187 Richard avait pillé le trésor de son père à Chinon. Le sens des vers que nous venons de citer doit donc être celui-ci : « Si Henri II savait s'attacher Richard par des concessions et des libéralités, il aurait en lui un plus puissant auxiliaire contre Philippe-Auguste. » Quoi qu'il en

_____

(1) Stubbs, II, p. 40.
(2) Ce *lui* se rapporte évidemment à Richard (Oui-et-Non) qui est nommé dans le vers précédent.

soit, il est certain que la pièce est antérieure à la mort de
Henri II.

Richard est entré en campagne. Il « a mis feu et tiré sang. »
C'est le bon temps qui commence, le temps où les rois ont besoin de pieux, de cordes et de ponts, où l'on dresse les tentes
pour coucher dehors, où on se rencontre à centaines et à mil-
liers, où on livre des combats que célébreront les chansons de
gestes :

> Non estarai mon chantar non esparja,
> Pus *Oc* e *non* a mes fog e trag sanc ;
> Car gran guerra fai d'escars senhor larc,
> Per quem sap bon dels reys, quan vey lur bomba,
> Qu'en aion ops pals e cordas e pon,
> En sion trap tendut per fors jazer,
> Ens encontrem a milliers et a cens,
> Si qu'apres nos en chant hom de la gesta.

Bertrand de Born serait heureux de recevoir des coups sur sa
targe, et de teindre en vermeil son blanc gonfanon ; il aime à
secourir ses amis, l'écu au col et le capel en tête. Mais il ne peut
aller guerroyer au loin sans argent. Si Philippe-Auguste avait
brûlé une barque devant Gisors, s'il avait assiégé Rouen de tous
côtés, à tel point qu'on n'en pût avoir de lettres sans pigeons, on
aurait pu croire qu'il voulait rappeler son grand aïeul Charlemagne ; mais c'est la honte qui dirige ses actions (1). Que Richard ne
cède pas : « Je ne veux pas que mon *Oui-et-Non* abandonne
Cahors (2). »

Après avoir, dans une dernière strophe, fait allusion aux tour-
ments d'amour qu'il éprouve, et s'être comparé à un vaisseau en
détresse devenu le jouet des flots, Bertrand de Born charge Papiol
de porter son sirvente à un seigneur Roger, sur lequel nous n'a-
vons pas d'autres renseignements. « Dis à Roger et à tous ses
parents que je n'y trouve plus ombre, ni orme, ni repos. »

Ce dernier vers, qui n'est pas très-clair, et que je traduis litté-
ralement, peut contenir une allusion à un fait assez curieux qui
se passa vers cette époque : au mois de septembre 1188 de nouvelles conférences pour la paix s'ouvrirent près de Gisors, sous un

---

(1) Il est à peine utile de faire remarquer que ces accusations d'inertie sont
absolument fausses. Philippe-Auguste eut, au contraire, pendant toute cette
guerre, un rôle très-actif et remporta de nombreux succès.

(2) On demandait, en effet, à Richard de céder Cahors. Voir ce que nous disons plus loin de la conférence de Bonmoulins.

grand orme, entre Henri II et Philippe-Auguste. Mais elles ne
purent aboutir, et Philippe-Auguste, furieux, se vengea sur l'orme,
qu'il fit abattre (1).

Cependant l'hiver approchait, et les comtes de Flandres et de
Blois, d'autres encore, refusaient de se battre contre des chrétiens
avant la croisade. On s'entendit enfin, sinon pour la paix, du
moins pour une trêve. L'entente se fit près de Bonmoulins le 14
des calendes de décembre (18 novembre) (2). Raoul de Dicet
raconte longuement les négociations de Bonmoulins. Philippe-
Auguste proposa à Henri II la restitution de ce qu'ils avaient pris
l'un et l'autre depuis qu'ils s'étaient croisés. Henri II eût préféré
une paix définive, mais Richard s'y opposa formellement, parce
qu'il lui aurait fallu rendre Cahors et tout le comté, qui lui
appartenaient en propre et lui rapportaient beaucoup, en échange
de Châteauroux, d'Issoudun et de Graçay, qui relevaient simplement de lui. Richard, passant à un autre sujet, réclama de son
père sa fiancée, sœur du roi de France, et l'assurance immédiate
de l'héritage paternel. Henri II refusa, parce qu'il ne voulait
pas paraître y avoir été contraint. Alors Richard, à la vue de tous,
fit hommage au roi de France pour toutes les possessions de
son père qui se rattachaient au royaume de France. Ainsi finit
le colloque. La trêve était prorogée jusqu'à la Saint-Hilaire (14
janvier).

L'année suivante (1189) Richard se trouva l'allié de Philippe-
Auguste contre son père. Après plusieurs mois d'hostilités,
Henri II mourut à Chinon, le 6 juillet.

Richard reprit pour son compte les négociations qui avaient été
entamées par son père, et signa avec Philippe-Auguste un traité
de paix, le 22 juillet (3). Philippe-Auguste rendait à Richard (4)
Tours, Le Mans et Châteauroux. De son côté Richard cédait à
Philippe-Auguste tout le fief de Graçay, celui d'Issoudun, et tout
ce qu'il possédait en Auvergne. Philippe-Auguste ayant demandé
la restitution de Gisors et autres places, Richard les racheta
moyennant 4000 marcs d'argent, ajoutés aux 2000 dont son père

---

(1) Voir B. de Peterborough (Stubbs, II, 47), Guillaume le Breton (*Histor.
de France*, t. XVII, p. 69).

(2) B. de Peterborough (Stubbs, II, 50). Raoul de Dicet est d'accord avec B. de
Peterborough pour cette date, puisqu'il indique le jour de l'octave de la Saint-
Martin, qui est bien le 18 novembre. R. de Hoveden place, par erreur, la con-
férence au mois d'août (14 des calendes de septembre) (Stubbs, II, p. 354).

(3) Voir Roger de Hoveden (Stubbs, III, 3).

(4) Voir Rigord, *Histor. de France*, t. XVII, p. 29).

était convenu comme indemnité des dépenses faites autour de
Châteauroux.

C'est cette paix que déplore Bertrand de Born dans le sirvente
Volontiers fera (1). Les dernières strophes font en effet allusion
à la cession de Gisors consentie par Philippe-Auguste. Il est impossible de placer ce sirvente après la croisade; car, dans les guerres qui suivirent la croisade, Gisors demeura constamment au
pouvoir de Philippe-Auguste.

La valeur et l'honneur sont morts, s'écrie Bertrand de Born. Il
y a, des royaumes mais plus de rois; des comtés, mais plus de
comtes; il y a de puissants châteaux, mais on n'y trouve plus de
châtelains.

> Regisme son, mas reis no[n] i es,
> E contat, mas non coms ni bar;
> Las marchas son, mas nols marques,
> Eill ric castell, cill bell estar,
> Mas li castellan no[n] i so.

On peut voir encore de belles personnes, et de beaux vêtements,
et des gens bien peignés, mais où sont les preux des chansons de
gestes, Ogier le Danois, Baudouin? Richard est un lion, « mais
le roi Philippe me paraît un agneau, de se laisser ainsi déshériter. »

> El reis Felips agnel me par;
> Qu'aissis laissa desiritar.

(1) Paris, Bibl. nat., nᵒˢ 854 et 12473.

CHAPITRE XI.

BERTRAND DE BORN ET LA FILLE DE HENRI II.

C'est à une époque indéterminée, mais pendant les guerres que nous venons de raconter, qu'il nous faut placer deux des poésies amoureuses de Bertrand de Born.

Ces deux pièces sont composées en l'honneur d'une dame que le troubadour appelle Hélène. L'auteur des *razos* nous apprend que cette dame n'était autre que la fille de Henri II, femme du duc de Saxe, qui fut mère de l'empereur Othon. Tous les chroniqueurs appellent cette fille de Henri II Mathilde et non Hélène ; mais on sait qu'il était d'usage de donner à sa dame un nom de convention.

A quelle époque Bertrand de Born connut-il Mathilde ? Elle avait été mariée dès 1168 à Henri duc de Saxe ; les deux pièces de Bertrand de Born ne peuvent être antérieures à ce mariage ; car dans l'une d'elles il qualifie Mathilde de Saxonne, et dans l'autre il se réjouit qu'elle l'ait fait asseoir près d'elle sur un tapis *impérial*. Ces deux pièces sont donc postérieures à 1168 (1). D'un autre côté, nous ne trouvons dans les chroniques aucune mention qui nous permette de croire que Mathilde soit venue dans les Etats de son père entre son mariage et l'année 1182. C'est seulement dans les derniers mois de 1182 qu'elle accompagna en Normandie son mari condamné à l'exil ; B. de Peterborough nous raconte même qu'étant enceinte, elle resta près de son père à Argenton, tandis que le duc de Saxe se rendait en pèlerinage à saint Jacques (2). Or, dans *Cazuts sui*, Bertrand de Born déclare qu'il a été sauvé par elle d'un ennui mortel à Argenton.

---

(1) *L'Histoire littéraire de la France* (T. XVII, p. 434) dit à tort *que Bertrand de Born avait courtisé la sœur de Richard, cette même Hélène,* QUI EUT DEPUIS *pour époux le duc de Saxe.*

(2) Stubbs, I, 288.

On peut donc admettre avec une suffisante probabilité que c'est à Argenton, à la cour de Henri II, et vers la fin de 1182, que Bertrand de Born connut Mathilde. Il est vrai que c'est précisément la date de la pièce *D'un sirventes nom cal* où le jeune roi est fort maltraité pour avoir obéi à son père en se réconciliant avec son frère. Ce fait ne me semble pas rendre impossible l'hypothèse d'un séjour de Bertrand de Born à la cour de Henri II vers cette époque, ou peut-être un peu avant.

Mathilde étant morte en 1189 (1), c'est donc entre 1182 et 1189 que doivent être placées les deux pièces de Bertrand de Born composées en son honneur. Nous savons d'ailleurs que Henri de Saxe et Mathilde étaient en Angleterre en 1185 (2). Ils durent se rendre en Saxe quelques temps après. Mais en 1189, Henri partait de nouveau pour l'exil : c'est l'année de la mort de Mathilde.

D'après la *razo*, Bertrand de Born composa le sirvente *Ges de disnar* dans la circonstance suivante : Il se trouvait en expédition, en compagnie du comte Richard, par un temps d'hiver; et un certain dimanche, il était bien midi passé qu'ils n'avaient encore rien mangé ni bu. C'est alors que Bertrand composa *Ges de disnar*, évoquant le souvenir de sa dame pour se consoler de sa misère.

« Il ne serait pas trop matin pour dîner, si l'on avait un bon hôtel, avec des vivres et du vin et un grand feu de hêtre. » Après cette courte plainte, il passe à l'éloge de sa dame. Il voudrait qu'elle lui fût aussi bienveillante que l'est Richard. Les dames qu'il a louées jadis peuvent chercher ailleurs qui les chante. Il s'arrachera de son pays et se fera Angevin pour l'amour d'Hélène. Il vante ses dents de cristal, ses formes délicates, la courtoisie de son accueil. Nulle femme ne saurait l'égaler; ce serait un honneur pour la couronne romaine de reposer sur son front.

Dans *Cazuts sui*, Bertrand de Born renie Maënz, déclarant qu'il y a moins de différence entre l'or et le sable qu'entre Hélène et les trois sœurs de Turenne (3) :

> Mas ilh es sobr'ellas mais
> Que non es aurs sobr'arena.

Il mourra si elle ne consent à l'étrenner d'un doux baiser.

(1) Voir B. de Peterborough (Stubbs, II, p. 72).
(2) *Ibid.*, I, p. 333.
(3) Raynouard imprime à tort *Tolena* au lieu de *Torena*.

Mais il craint qu'elle ne soit jamais à lui ; car elle peut choisir parmi les plus valeureux châtelains et les plus puissants barons.

La strophe d'envoi nous apprend que Bertrand de Born était alors en Normandie.

CHAPITRE XII.

Nous avons vu qu'après la mort de Henri II, Richard et Philippe-Auguste signèrent un traité de paix. La croisade projetée allait donc pouvoir s'accomplir. Depuis longtemps déjà le marquis de Montferrat, Conrad, guerroyait en Palestine. C'est son exemple que Bertrand de Born rappelle, comme un reproche, aux deux rois croisés qui tardent à partir : tel est l'objet des sirventes *Ara sai eu* et *Fuilheta vos* (1). Ces pièces sont donc antérieures au départ de Philippe-Auguste et de Richard. Les deux premières strophes d'*Ara sai eu* se retrouvent, troisième et quatrième, dans *Fuilheta vos*.

On sait maintenant quel est le plus vaillant de tous ceux qui se sont croisés : c'est Conrad qui l'emporte. Puisse Dieu le secourir, car le secours des rois se fait attendre. Seul à la peine, il sera seul à l'honneur. Bertrand de Born serait aussi à Tyr, depuis un an passé : mais les rois et les princes ont tardé si longtemps, et sa dame est si belle et si blonde ! Il se contente de recommander Conrad à Jésus.

Tel est le sens de la partie commune aux deux sirventes. Dans *Ara sai eu*, Bertrand de Born annonce en outre, ou du moins espère, le prochain départ de Richard et de Philippe; car ils ne peuvent se jouer de Dieu plus longtemps. Il charge Papiol de passer la mer et de porter son sirvente à Conrad : « Tu lui diras que je serai bientôt à ses côtés, à moins que les rois ne me trompent. Si cependant la traversée déplaît à la dame que je sers, je crois bien que je n'irai pas. »

Philippe-Auguste et Richard partirent séparément, l'un de

(1) Paris, Bibl. nat., n° 12474. — Rome, Vatican, n° 3205.

Marseille, l'autre de Gênes, et se retrouvèrent à Messine, où ils arrivèrent à la fin de septembre. Là un dissentiment s'éleva entre eux à propos de la fille du roi de Navarre, que la mère du roi d'Angleterre avait emmenée, et que Richard voulait épouser (1), délaissant ainsi la sœur de Philippe-Auguste, Alix, à laquelle il avait été fiancé dès 1174.

Les deux rois s'entendirent aussi peu en Palestine qu'en Sicile, et bientôt Philippe-Auguste, quittant l'expédition, revint en France. On sait ce qui advint à Richard, sa captivité d'un an et demi en Allemagne, et son arrivée en Angleterre au mois de mars 1194.

Profitant de l'absence de Richard, Philippe-Auguste s'était emparé de Gisors et d'une partie de la Normandie; et, au mois de janvier 1194, il avait signé avec Jean sans Terre un traité, — dont le texte même nous est parvenu (2), — qui confirmait et augmentait même ses conquêtes. De plus, les deux contractants s'engageaient à ne pas faire la paix l'un sans l'autre avec Richard.

Mais le retour de Richard allait changer la face des choses.

La *razo* de *Bem platz car* (3) nous dit que pendant la croisade Bertrand de Born demeura à guerroyer contre Adhémar, contre le comte de Périgord et contre tous les autres barons des environs. D'où sa grande joie au retour de Richard. « Et sachez, » ajoute le biographe, « que Bertrand avait écrit dans son cœur tous les ravages commis par ces barons en Limousin et sur les terres de Richard. »

Dans le sirvente *Bem platz car* Bertrand se réjouit du retour de Richard, et désigne à ses coups les barons du Limousin. Ceux-ci se reposaient sur leur triomphe facile, et « plantaient des buissons, tant ils aiment la verdure et les jardins. » Devenus avares et peu accueillants, il semblait, tant on avait de peine à arriver jusqu'à eux, qu'ils se gardassent contre des assassins. Désormais les choses vont changer. « On pourra rire encore. » Il faudra bien qu'ils accueillent les preux, qu'ils les flattent et leur donnent des *barbarins*. Car il ne suffira plus de crier « Paris » pour arrondir ses terres. — Ce vers est une allusion à l'alliance de Philippe-Auguste avec les vassaux insoumis de Richard. — « Je voudrais bien, continue Bertrand de Born, que le roi fût devin, qu'il sût parmi les barons quels sont ses bons et quels sont ses

(1) Il l'épousa, en effet, en mai 1191 (B. de Peterborough, Stubbs, II, p. 166).
(2) Voir Rigord (*Histor. de France*, t. XVII, p. 39).
(3) Raynouard, *Lexique*, t. I, p. 336.

faux amis, qu'il connût la maladie qui fait clocher le Limousin. »
C'est une tumeur qui ronge ce pays, et il faudrait y passer deux
sétons avant qu'elle fût trop durcie. « Bien me plaît que trêve ni
paix ne demeure entre les barons. » A la fin du sirvente, Bertrand
accuse l'empereur Henri VI de faire un commerce indigne, qu'eût
désavoué son père Frédéric, et d'avoir pris des pèlerins avec leurs
bourdons pour conquérir la Pouille et la Romagne.

Cette pièce est postérieure au retour de Richard « puisqu'il est
revenu d'Allemagne » (strophe 5), et antérieure à son passage en
France : « je voudrais bien qu'il passât ici au milieu de nous »
(strophe 4). Richard aborda en Angleterre le 17 mars 1194. Cette
même année les menaces de Bertrand de Born devaient être en
partie réalisées ; car Richard combattit et dépouilla le comte
d'Angoulême Adhémar (1). Quant au Gui dont il est question
dans cette pièce, ce doit être le frère de Guillaume IX, comte
d'Auvergne, ou celui d'Amauri VII, vicomte de Thouars, tous
deux ennemis de Richard et faits prisonniers par lui, l'un en
1195, l'autre en 1196.

La pièce *Ar ven la coindeta sazos* (2) est à peu près de la même
époque que *Bem platz car trera* ; car Bertrand y salue le printemps,
qui va permettre à Richard de quitter l'Angleterre. Or, nous
avons vu que Richard était déjà de retour à l'époque de *Bem
platz car*. S'il aborda en Angleterre le 17 mars, il débarqua
en Normandie le 12 mai. C'est donc entre ces deux dates que se
placent les deux sirventes. On peut même préciser davantage, en
tenant compte du temps qu'il avait fallu pour que la nouvelle du
retour de Richard en Angleterre fût parvenue en Limousin.

« Voici venir la charmante saison où aborderont nos vaisseaux,
où va paraître le roi gaillard et preux, le roi Richard, tel que
jamais il ne fut encore. » On le verra donc répandre l'or et l'argent,
manœuvrer les pierriers, effondrer les murs, abaisser les tours,
enchaîner l'ennemi. Et les barons deviendront humbles et « hon-
teux comme un loup pris au piége. » Le lion a la noble coutume
de ne pas faire de mal à un ennemi vaincu, mais d'être « orgueil-
leux contre l'orgueil. »

> Ben sap l'usatges qu'al leos,
> Qu'a ren vencuda non es maus,
> Mas contr'orgoill es orgoillos.

(1) Voir plus bas, à propos du sirvente *S'eu fos aissi*.
(2) Voir Raynouard. *Lexique*, I, p. 338.

Tels ne sont pas les barons de Richard, qui ne savent que profiter des embarras de leur suzerain pour le tromper.

Cette pièce est une de celles où Bertrand de Born exprime avec le plus d'énergie sa passion des combats. Il dépeint avec enthousiasme la presse des boucliers avec leurs reflets blancs et bleus, les gonfanons aux couleurs éclatantes, les heaumes brunis, les tentes et les pavillons dressés, les lances brisées, les écus tranchés et fendus, les coups donnés et reçus. Il se défend d'être aux gages de Richard : « Ne pensez pas que je fasse des mots à vendre. » Mais on doit toujours défendre un puissant et généreux baron. Il n'aime pas la compagnie des seigneurs avares, pas plus que celle des courtisanes vénales. On devrait pendre tout seigneur qui veut « vendre ses dons. »

La pièce *S'ieu fos aissi* est une diatribe violente contre Philippe-Auguste, que Bertrand de Born accuse de ne pas se conduire en preux. « Je le ferais bien connaître à tous, » s'écrie-t-il, « si j'avais l'esprit libre, si j'étais assez maître de moi pour ne pas être amoureux. » Quelle honte il se prépare pour sa vieillesse, en perdant ainsi son royaume pendant ses jeunes années! Tandis que Richard prend des lièvres et des lions, sans compter les grands aigles qui tomberont aussi en son pouvoir, Philippe-Auguste chasse au faucon les passereaux et les petits oiseaux. Et rien ne peut réveiller son courage, pas même l'affront sanglant que lui a fait Richard, en repoussant sa sœur et en épousant la fille du roi de Navarre. Il ne reste plus aux Français aucun espoir : ils sont devenus un objet de risée et de moquerie, dont Richard et Bertrand s'amusent fort quand ils sont ensemble.

Cette pièce doit être de 1194, comme les précédentes, car Bertrand de Born y parle de la prise d'Angoulême par Richard comme d'un fait s'étant passé dans l'année. Or, c'est vers le 20 juillet 1194 qu'Angoulême succomba (Voir dans Roger de Hoveden (1) une lettre de Richard annonçant ce succès). Comme Bertrand prédit la reprise des hostilités pour le printemps suivant, pour les « nouvelles fleurs » prochaines, on peut placer le sirvente, d'une façon plus précise, dans les derniers mois de 1194.

Cette année 1194 fut en effet marquée par des succès importants de Richard. Mais, quoi qu'en dise Bertrand de Born, Philippe-Auguste s'était fièrement défendu. Il avait surpris pendant la nuit et mis en fuite les troupes ennemies qui assiégeaient Vau-

_____

(1) *Histor. de France*, t. XVII, p. 570.

dreuil. Il avait en outre exercé de nombreux ravages sur les terres de Richard, et dépouillé les églises et abbayes dépendant du roi d'Angleterre. C'est probablement là ce que Bertrand de Born appelle « chasser les passereaux et les petits oiseaux. » Il est vrai que ces petits succès s'effacent devant le désastre de Fréteval.

Je placerai au commencement de 1175 le demi-sirvente *Miez sirventes vueil far*. C'est un chant de guerre sans allusions précises. Il y est question de l'intervention probable du roi de Castille. Aucune chronique ne parle de cette intervention, même à l'état de projet. Mais comme Alphonse fut cruellement battu par les Mahométans le 18 juillet 1195, et eut ensuite fort à faire dans ses Etats, il est probable que la pièce de Bertrand de Born est antérieure à cette défaite.

On verra bientôt lequel des deux, le vaillant roi de Castille Alphonse ou Richard, aura le plus de chevaliers, car ils vont se les disputer à prix d'or. Richard répandra l'or à muid et à setier : il désire plus la guerre que l'épervier la caille. Si les deux rois sont preux et courageux, les plaines seront bientôt jonchées de débris, de heaumes et d'écus, de brans et d'arçons, et de guerriers aux bustes fendus jusqu'aux braies. On verra mainte lance à travers côtes et poitrines, les destriers courir en désordre, et joie et pleurs, et deuil et allégresse. La perte sera grande, mais le gain plus grand encore. On pillera les usuriers, et les routes ne seront plus sûres pour les marchands qui iront vers la France. Quant à Bertrand, il sortira de la mêlée vivant ou en quartiers. S'il est vivant, grande joie, et s'il meurt, grand débarras :

> E si sui vius, er mi gran benanansa,
> E se ieu mueir, er mi grans delivriers.

La guerre reprit, avec des chances diverses, en 1195, entre Richard et Philippe-Auguste. Puis en 1196, le 15 janvier, un traité de paix fut signé. Mais Richard ne tarda pas à violer le traité, et la lutte recommença.

L'année suivante (1197) l'attention et les efforts de Richard furent détournés vers la Bretagne, où il crut utile d'intervenir pour revendiquer à main armée la tutelle du jeune Arthur son neveu. Ce fut l'occasion du sirvente *Gent fai*.

Lorsqu'un roi réclame une grande terre, il faut qu'il sache « tirer son cheval du pas, » et qu'il consente à prendre les chausses de fer. C'est ce qu'a fait le roi courageux qui est entré chez les Bretons. Mais il ne faudrait pas que la fin ressemblât au commencement (1).

Dans la première strophe, le troubadour compare l'armée anglaise, bien équipée et bien nourrie, à l'armée française, mal soignée, où les soldats souffrent la faim et la soif, la pluie et le vent.

Cette pièce est le dernier sirvente politique de Bertrand de Born. Mais nous devons dire encore quelques mots de plusieurs sirventes qui, pour être d'une date incertaine, n'offrent pas moins un intérêt, parfois capital, pour l'appréciation du talent et du caractère de notre héros. Ce sera l'objet du chapitre suivant.

---

(1) En effet, les commencements n'avaient pas été heureux ; car, après avoir exercé de nombreux ravages, notamment pendant la semaine sainte, Richard s'était fait battre à Carhaix.

CHAPITRE XIII.

POÉSIES DIVERSES.

Parmi les pièces auxquelles nous ne pouvons assigner de dates précises, nous citerons d'abord deux sirventes particulièrement obscurs : *Fuilhetas ges* et *Anc nos poc*.

Le sens général de *Fuilhetas ges* (1) est peu clair. Le dernier mot de la pièce, qui est *Damiata*, et qui paraît être le nom de la ville d'Egypte Damiette, pourrait faire croire que la pièce n'est pas de Bertrand de Born. Car Damiette dut, au moyen âge, sa célébrité aux croisades, et la première croisade qui s'en empara fut celle de Jean de Brienne (1217-1221). Or Bertrand de Born était mort à cette époque.

Cependant cette pièce est adressée au même personnage (Fuilhetas) qu'un autre sirvente de Bertrand de Born. En outre, il y est question d'une dame Tempra, qui figure dans plusieurs autres pièces de Bertrand de Born (2). Enfin, elle est sous le nom de ce troubadour dans le manuscrit.

Anc nos poc (3). — Bertrand envoie Papiol vers *Oc-e-No*, c'est-à-dire vers Richard. Cette pièce, dont le texte paraît fort corrompu dans les manuscrits, est remplie d'allusions très-obscures, qui ne permettent de rien préciser.

D'autres pièces, beaucoup plus claires, ne se rapportent à

(1) Paris, Bibl. nat., n° 12474. — Rome, Vatican, n° 3205.
(2) Dans *Rassa mes* et dans *S'abrils et fuelhas*.
(3) Mahn, *Gedichte*, I, p. 128.

aucun événement déterminé, ou ne renferment aucune allusion qui permette de les dater.

Nous citerons, en première ligne, une des plus belles : *Bem plai lo gais temps*.

Le sirvente *Bem plai lo gais temps* est un magnifique chant de guerre. C'est assurément l'une des plus belles productions de la poésie provençale. Il est très-connu, et on en trouvera des traductions à peu près exactes un peu partout, notamment dans le *Tableau de la littérature au moyen âge* de M. Villemain. Je ne m'arrêterai donc pas à le commenter. Mais j'ai à défendre Bertrand de Born contre ceux qui voudraient lui enlever cette pièce pour l'attribuer à un autre troubadour.

Le grand argument en faveur de Bertrand de Born est l'*envoi* : le sirvente est adressé à *Oui-et-Non*. Or, on sait que Bertrand de Born désignait ainsi Richard. En second lieu, c'est le jongleur Papiol qui est chargé de l'envoi, et on sait aussi que Papiol est le nom du jongleur de Bertrand de Born.

Il est vrai que, d'une part, deux manuscrits contiennent seuls cet envoi, et que d'autre part, si l'on prend tous les manuscrits de la pièce, on trouve qu'ils sont loin d'être d'accord sur le nom du troubadour. Pour apprécier la valeur relative de leur témoignage sur ce point, il est indispensable de recourir à un classement. Or, après une comparaison minutieuse de tous les manuscrits de ce sirvente, je suis arrivé à la classification suivante (1) :

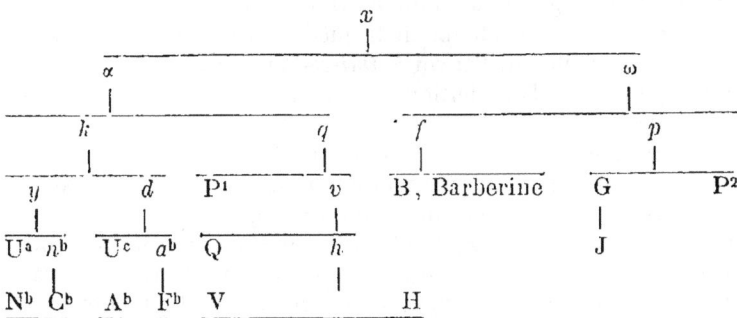

```
                          x
         ┌────────────────┴────────────────┐
         α                                  ω
    ┌────┴────────────────┐         ┌───────┴───────┐
    k                      q        f               p
 ┌──┴──┐         ┌─────────┴──┐     │          ┌─────┴─────┐
 y     d        P¹           v   B, Barberine   G          P²
 │     │        │            │       │
Uª nᵇ Uᶜ aᵇ    Q            h        J
 │     │        │            │
Nᵇ Cᵇ Aᵇ Fᵇ   V             H
```

(1) D'après les conventions généralement adoptées pour les classifications de manuscrits, *x* désigne l'original inconnu, les petites lettres et les lettres grecques représentent les manuscrits perdus, et les grandes lettres les manuscrits existants. Pour la signification des grandes lettres que nous employons ici, voir notre Appendice.

La classification faite, on constate que tous les manuscrits venant d'*y* attribuent la pièce à G. de San-Gregori ; tous ceux venant de *d* à Bertrand de Born ; tous ceux venant de *q*, sauf H, à Blacasset ; ceux venant de *p*, à G. Augier ; et ceux venant de *f*. à L. Cigala.

Nous pouvons donc écrire cette généalogie d'attributions :

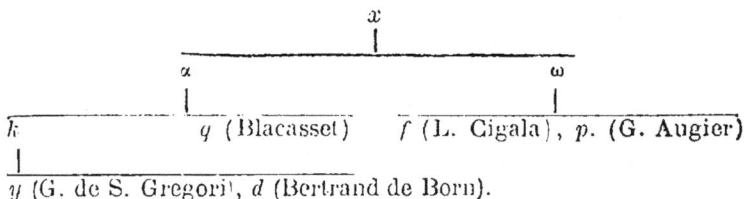

$$x$$

α				ω
h		*q* (Blacasset)		*f* (L. Cigala), *p*. (G. Augier)
y (G. de S. Gregori), *d* (Bertrand de Born).				

La question se trouve ainsi simplifiée ; il est cependant difficile de faire encore un choix entre ces diverses attributions. Mais remarquons que nous avons eu à signaler une exception importante : le manuscrit H, qui a pour origine le manuscrit *q*, c'est-à-dire un manuscrit qui attribuait évidemment la pièce à Blacasset, a remplacé le nom de Blacasset par celui de Bertrand de Born. En outre, le manuscrit V, qui appartient à la même sous-famille, tout en conservant l'attribution à Blacasset, contient, comme le manuscrit H (ce sont les deux seuls), l'envoi à *Oui-et-Non* (1). Or, si l'on se rapporte à la généalogie complète que nous avons donnée en premier lieu, on verra que les manuscrits V et H émanent d'un original commun *h*. Il me paraît donc évident : 1º que le manuscrit *h* attribuait la pièce à Blacasset ; 2º que le manuscrit *h* contenait l'envoi à *Oui-et-Non*. Cet envoi étant en contradiction avec l'attribution , le manuscrit H a rectifié l'attribution.

Il serait intéressant de savoir comment il se fait que le groupe *h* contienne seul l'envoi, qui manque à tous les autres groupes. Nous l'ignorons ; mais il est certain , d'une part , que le scribe du manuscrit *h* n'a pu l'inventer ; d'autre part, qu'il ne l'a pas tiré d'une autre pièce de Bertrand de Born qui serait aujourd'hui perdue ; car le sens , le rhythme et les rimes de cet envoi s'appliquent exactement à la pièce *Bem play lo gais temps*. Il est donc très-probable que le manuscrit primitif et original *x* contenait l'envoi , bien qu'il soit impossible de dire pourquoi la plupart des manuscrits l'ont supprimé.

---

(1) J'ai constaté le fait sur le manuscrit V, à Venise.

Enfin, si l'on considère que, parmi les manuscrits qui n'ont pas l'envoi, un certain nombre (toute la famille *d*) attribuent cependant la pièce à Bertrand de Born, il me paraît difficile de s'arrêter à une autre solution. J'ajouterai que le ton et le style de ce sirvente sont incontestablement conformes à l'allure ordinaire des pièces de Bertrand de Born.

Belh m'es quan vey.

« Bien me plaît quand je vois les seigneuries changer de mains, et passer des vieux aux jeunes, et quand chacun peut laisser après lui assez d'enfants pour qu'il y en ait un de preux... Quand on veut changer de dame ou de seigneur, on doit remplacer vieux par jeune. » Bertrand de Born développe ensuite avec beaucoup de verve ce qu'il entend par jeune et vieille et par jeune et vieux, et il charge le jongleur Arnaut d'aller porter son sirvente à Richard.

Mailolin joglar (1).

Mailolin joglar est une satire plaisante dirigée contre un jongleur que Bertrand de Born accuse d'être glouton et poltron, et d'avoir une voix de paon. Aucun élément ne permet de dater cette pièce.

Mout mi play.

Le sirvente *Mout mi play* est dirigé contre les vilains enrichis qui lèvent la tête devant la noblesse. Bertrand de Born les déclare indignes de toute pitié. Il aime à les voir nus, mendiant leur pain, et il se garde bien de les plaindre s'il leur arrive de se casser bras ou jambe.

Cette pièce ne se trouve que dans deux manuscrits. Dans l'un elle ne porte aucun nom et vient seulement après les sirventes de Bertrand de Born. Dans la table de l'autre elle est attribuée à Guillaume Magret. Mais ce Magret, d'après le Biographe provençal, était un jongleur, un vilain lui-même, un coureur de tavernes. On ne peut donc pas lui attribuer cette pièce, toute remplie d'un souffle d'intolérance aristocratique.

(1) Mahn, *Gedichte,* 1005.

CHAPITRE XIV.

MORT DE BERTRAND DE BORN.

La Biographie provençale nous dit que Bertrand de Born vécut longuement dans le monde, et qu'ensuite il se fit moine. Ce dernier point nous est confirmé par le cartulaire de Dalon, où, à partir de 1196, nous voyons Bertrand de Born assister à un grand nombre d'actes en qualité de moine de Dalon. Rien ne semblait annoncer une pareille fin. Sans doute, Bertrand de Born, suivant en cela les usages de son temps, avait fait à diverses époques des donations aux monastères. Dès 1178, il fait une fondation pieuse pour la mémoire de son père (1). J'ai énuméré, à la fin du chapitre des *Premiers sirventes*, un certain nombre d'autres donations. J'en citerai encore une en 1189 (2), confirmée l'année suivante (3). Mais il est certain que Bertrand ne montre pas beaucoup d'aspirations religieuses dans ses sirventes, pas même dans ceux qui sont relatifs à la croisade.

Pendant que ses deux fils, Bertrand et Itier, qui avaient été faits chevaliers au Puy-Notre-Dame en 1192 (4), suivaient les traditions guerrières de leur père, se battaient, et ravageaient les terres du monastère même de Dalon, sauf à faire ensuite amende honorable (5), un autre fils du troubadour, Constantin, choisissait la vie du cloître. En 1202, nous retrouvons le père et le fils dans le cloître d'Excideuil (6). C'est à cette date que s'arrêtent nos renseignements sur Bertrand de Born.

(1) Cartulaire, p. 33.
(2) *Ibid.*, p. 5, et *Gallia Christiana*, t. II, col. 626.
(3) Cartulaire, p. 5-6.
(4) *Ibid.*, p. 6.
(5) Voir un acte de 1200 (p. 17 du Cartulaire, et *Gallia Christiana*, t. II, col. 627).
(6) Cartulaire, p. 199-200.

A quelle époque mourut-il ? On l'ignore. Mais la chronique de
Bernard Itier (1) contient, sous l'année 1215, la mention suivante :
« Octava candela in sepulcro (sancti Martialis) ponitur pro Ber-
trando de Born. » Bertrand de Born était donc mort avant
1215 (2).

La *razo* de *Ges de far* dit qu'après la mort de Bertrand, ses fils
firent la paix avec leur oncle Constantin et avec leurs cousins. Il
n'est pas sûr cependant que Constantin ne soit mort qu'après son
frère (3). Quant à ses fils, nous lui en connaissons deux, tous
deux nommés Gouffier ; l'un qui mourut avant 1184 (4), l'autre
qui mourut en 1210 (5). Quoi qu'il en soit, il est probable que la
famille de Constantin s'éteignit vite, et il est certain que la des-
cendance de Bertrand de Born resta en possession du château
d'Hautefort.

(1) *Histor. de France*, t. XVIII, p. 234. — Edit. Duplès-Agier, p. 93.

(2) Nous trouvons, en 1212, un hommage de Bertrand de Born à Philippe-
Auguste pour le château d'Hautefort. (V. L. Delisle, *Catalogue des actes de
Philippe-Auguste*, n° 1409.) Mais rien ne permet de décider s'il s'agit de Ber-
trand le père ou de Bertrand le fils.

(3) Dans un *Mémoire* composé par le père Pradilhon, à la fin du dix-septième
siècle, nous relevons la mention suivante : « Gouflier de Born de Lastours ût
de grandes fondations à Dalon, l'an 1200, pour le repos de l'âme de Constantin
de Born, son père, et d'Agnès de Lastours, sa mère. » (Archives d'Hautefort,
liasse 96, n° 12, et liasse 58, n° 5.)

(4) Car Geoffroy du Vigeois mentionne sa mort (Labbe, II, 282, et *Histor. de
France*, t. XII, p. 422).

(5) Bernard Itier, dans les *Histor. de France*, t. XVIII, p. 227. — Edit. Duplès-Agier, p. 75.

CHAPITRE XV.

Quan vei lo temps.

Le sirvente *Quan vei lo temps* a pour objet d'exhorter le roi Jean à mieux défendre ses intérêts en Aquitaine contre Philippe-Auguste. Il doit être de 1200 ou 1201. A cette époque, Bertrand de Born, qui s'était fait moine depuis plusieurs années, ne devait plus guère s'occuper de politique. Il y a du reste une strophe adressée par le troubadour à sa dame, ce qui achève de rendre impossible l'attribution à Bertrand de Born. Mais l'un des fils de Bertrand, qui portait le même nom, fut aussi troubadour, et on peut mettre le sirvente à son compte. C'est ce que fait d'ailleurs formellement l'auteur des *razos*.

Guerra e trebalh.

La pièce *Guerra e trebalh* doit être également enlevée à Bertrand de Born. Car elle est d'une époque postérieure à son entrée en religion, et il est difficile d'admettre que, même au douzième siècle, un moine ait pu chanter : « J'aime la guerre, quoique l'amour et ma dame me fassent la guerre toute l'année (1). » Je me range donc à l'opinion de Milá (2), qui attribue cette pièce à Bertrand de Born le fils. Mais je me sépare de lui pour la date. D'après lui, ce sirvente a été composé à l'époque de la guerre des Albigeois, et il s'appuie uniquement, pour le prouver, sur une strophe où est sollicitée l'action du roi d'Aragon contre les Français. Mais tout le reste de la pièce est rempli d'allusions aux guer-

---

(1) Deuxième strophe.
(2) *De los trovadores*, p. 141.

res entre la France et l'Angleterre : « Bien me plaît quand je vois
brisée la trêve des livres sterling et des livres tournois , etc. (1). »
D'un autre côté, en sollicitant l'appui du roi d'Aragon, le troubadour lui cite comme exemple le comte de Toulouse : « ... puisque le comte, duc et marquis (2), vient de demander un traité. »
Je propose donc de placer ce sirvente vers 1198, époque où,
d'après Roger de Hoveden (3), fut conclu un traité entre Richard
et le comte de Toulouse. La plupart des anciens alliés de Philippe-Auguste l'abandonnaient, et le troubadour invite le roi
d'Aragon à se déclarer aussi contre lui.

Un sirventes farai.

Diez (4) et Milá (5) ont suffisamment prouvé que les diverses
allusions contenues dans ce sirvente ne permettent pas de le placer avant 1229. Il est donc postérieur à la mort de Bertrand de
Born, et doit être restitué à un autre troubadour, vraisemblable-
ment à Bertrand le fils.

Atornat m'er (6).

Le sirvente *Atornat m'er* est dirigé contre les Français et Simon
de Montfort. Il y est fait allusion à la mort du roi Pierre d'Aragon et aux événements de Beaucaire. On doit donc le placer après
1216, c'est-à-dire après la mort de Bertrand de Born le père.

(1) Deuxième strophe.
(2) Le comte de Toulouse était en même temps duc de Narbonne et marquis
de Provence.
(3) Stubbs , t. IV, p. 54.
(4) *Leben* , p. 229.
(5) P. 169.
(6) Mahn , *Gedichte*. II, 8.

CONCLUSION.

Cette étude attentive de toutes les poésies connues de Bertrand de Born, et de tous les documents originaux qui pouvaient nous éclairer sur son rôle, nous a conduit à des résultats précis, mais qui s'écartent sensiblement et des conclusions négatives que l'on aurait pu tirer *a priori* du silence presque absolu des chroniqueurs, et des idées jusqu'à présent reçues sur l'intervention de notre troubadour dans les affaires de son temps.

Le silence des chroniques contemporaines n'a rien qui puisse nous étonner, si l'on songe que presque tous les historiens de la seconde moitié du douzième siècle, habitant soit le nord de la France, soit l'Angleterre, devaient être imparfaitement informés des événements d'Aquitaine et des ressorts cachés de la politique méridionale. D'ailleurs Bertrand de Born ne remplissait aucune fonction officielle qui pût le mettre en vue; et le rang peu élevé qu'il occupait dans la hiérarchie féodale n'était pas non plus de nature à attirer sur lui l'attention publique. Lorsque le comte d'Angoulême se soulevait, l'importante nouvelle se répandait aussitôt d'un bout de la France à l'autre, et les chroniqueurs s'empressaient de la consigner dans leurs annales : mais on ignorait que le petit seigneur Bertrand de Born s'était rendu près du comte pour le décider à la guerre, ou qu'il avait décoché contre son inaction les railleries acérées d'un sirvente. C'est toute cette partie secrète de l'histoire, — partie essentielle, puisqu'elle contient l'explication et la raison des faits, — que les poésies de Bertrand nous permettent de reconstituer. Désormais il est aussi impossible d'écrire l'histoire du douzième siècle en supprimant Bertrand de Born, que de raconter les événements de notre temps en négligeant, par exemple, le rôle de la presse.

Mais il importe, si l'on introduit Bertrand de Born dans l'histoire, de bien préciser la place qui lui convient, et de le dégager avec soin de la légende qu'on lui a faite. Cette légende n'a pas

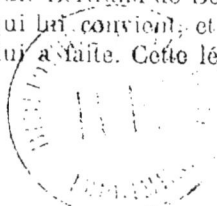

7

d'autre origine qu'une connaissance incomplète des faits. C'est la conséquence de cette méthode inductive, qui a souvent donné de si brillants résultats, mais qui, en essayant de deviner l'histoire, s'expose parfois à la dénaturer.

Augustin Thierry a voulu faire de Bertrand de Born un génie politique de la plus haute valeur. D'après lui, l'habile et courageux troubadour visait à faire de l'Aquitaine un État indépendant, et ce but élevé pourrait seul expliquer les contradictions incessantes de sa conduite : « Cet homme extraordinaire *semble* avoir eu la conviction profonde que sa patrie, voisine des États des rois de France et d'Angleterre, et placée, selon l'expression du temps, comme l'enclume entre deux marteaux, ne pouvait échapper aux coups qui la menaçaient perpétuellement d'une part ou de l'autre, que par le trouble et la guerre entre ses ennemis. Telle en effet *paraît avoir été* la pensée qui présida, durant toute la vie de Bertrand, à ses actions, et à sa conduite... Par le même motif Bertrand de Born mit en usage tout ce qu'il avait d'art pour faire éclore et envenimer la querelle entre le roi d'Angleterre et ses fils (1). » Nous croyons qu'on a beaucoup exagéré les contradictions de Bertrand de Born, pour se donner le plaisir et l'honneur de les expliquer. Somme toute, rien n'est plus simple que son attitude, si l'on tient compte des préoccupations d'intérêt personnel et immédiat qui animaient tous les hommes de son époque, en dehors des questions religieuses. Cette grande idée qu'on lui prête, s'il l'avait eue réellement, aurait sans aucun doute laissé trace dans ses sirventes. Or, on peut les lire d'un bout à l'autre sans y trouver la moindre allusion à un rêve d'indépendance pour l'Aquitaine. On me dira que ses projets eussent été déjoués, s'il les eût fait connaître. Mais, sans révéler le plan de sa politique, il pouvait au moins, dans ses poésies si ardentes et pleines d'une inspiration si spontanée, exprimer, à côté de sa passion pour les combats, qui y paraît seule, le vif amour qu'on lui prête pour l'Aquitaine sa patrie. Or, l'Aquitaine n'y est même pas une seule fois nommée, et cela par la bonne raison que l'idée de patrie, même restreinte aux limites de l'Aquitaine, n'existait pas encore.

Il faut donc se résoudre à ne plus voir dans Bertrand de Born un précurseur de Jeanne d'Arc (2). Rien n'est plus logique que sa conduite, si on n'y cherche pas des visées de politique raffinée.

(1) A. Thierry, *Histoire de la conquête de l'Angleterre*, livre X.
(2) Comme l'auteur du *Tyrtée du moyen âge*, p. 280.

Sa grande passion pour les combats lui fait toujours saluer avec
enthousiasme les déclarations de guerre, d'où qu'elles viennent ;
mais il faut beaucoup de bonne volonté pour y voir le désir prémé-
dité de faire sortir l'indépendance de l'Aquitaine de la lutte de ses
maîtres. On est allé dans cette voie jusqu'à lui attribuer la pensée
de renouveler la race des anciens ducs d'Aquitaine (1).

Le véritable caractère de Bertrand de Born est indiqué d'une
manière bien plus exacte par le court résumé biographique qui
précède ses œuvres dans un grand nombre de manuscrits, et qu'il
ne faut pas confondre avec la grande biographie constituée par
l'ensemble des *razos* (2).

Le résumé biographique dont nous parlons se présente à nous
sous deux formes, qui diffèrent assez entre elles pour qu'il soit
utile de les donner l'une et l'autre. Raynouard en a fait un mélange (3); nous rétablissons chacune d'elles d'après les manuscrits.

Voici d'abord celle qui se trouve dans le plus grand nombre de
manuscrits :

« Bertrand de Born (4) fut un châtelain de l'évêché de Périgueux, seigneur d'un château qui avait nom Hautefort, et il eut
tout le temps la guerre avec tous ses voisins, avec le comte de
Périgueux, et avec le vicomte de Limoges, et avec son frère Constantin, et avec Richard tant qu'il fut comte de Poitiers. Il fut bon
chevalier, et bon guerrier, et bon galant, et bon troubadour, et
entendu, et bien parlant, et il sut traiter le bien et le mal, et il
était seigneur (maître), toutes les fois qu'il le voulait, du roi
Henri d'Angleterre et de son fils, mais tout le temps il voulait
qu'ils eussent guerre ensemble, le père et le fils et les frères l'un

(1) « Peut-être voulait-il renouveler la race des anciens ducs d'Aquitaine. »
(Article de la *Nouvelle biographie générale*.)

(2) Ce résumé, qui se trouve dans beaucoup de manuscrits ne contenant pas
la grande biographie, en est la préface dans ceux qui la contiennent.

(3) *Choix des poésies*, t. V, p. 76.

(4) « Bertrans de Born si fo us castellans del evesqat de Peregors, seigner
d'un castel qui avia nom Autafort. Totz temps ac guerra com totz los seus
vesis, cum lo comte de Peregor, e cum le vescomte de Lemoges, e cum son
fraire Costantin, e cum Richart tant qant fo coms de Piteus. Bos cavaliers fo
e bos guirriers e bos dompneiaire, e bos trobaire, e savis e ben parlanz, et saup
ben tractar mals e bes. Seigner era totas vez qant se volia del rei Henric et del
fill de lui. Mas totz temps volia qeill aguessen guerra ensems, lo paire el fillz,
eil fraire l'uns e l'autre, e totz temps qe lo reis de Fransa e lo reis Henrics
d'Angelterra aguessen guerra ensems. E sill agron paz ni trega, ades se penet
cum sos sirventes de desfar la paz e de mostrar cum chascus era deshonratz
en la patz. E si n'ac de granz bens et de granz mals. » (Manuscrit Chigi,
fol. 62 v°.)

avec l'autre, et tout le temps il voulait que le roi de France et le roi d'Angleterre eussent guerre ensemble. Et s'ils avaient paix ou trêve, aussitôt il s'efforçait, avec ses sirventes, de défaire la paix, et de montrer comment chacun était déshonoré par la paix. Et il en retira de grands biens et de grands maux. »

La seconde forme est conservée seulement par deux manuscrits de Paris : les nᵒˢ 1749 et 22543 de la Bibliothèque nationale. On y trouve des renseignements qui ne sont nulle part ailleurs : par exemple la force du château d'Hautefort, et la comparaison faite par le roi d'Aragon entre les sirventes de Bertrand de Born et les chansons de Guiraud de Borneil. En voici la traduction :

« Bertrand de Born (1) fut du Limousin, vicomte d'Hautefort, qui avait près de mille hommes ; il avait des frères et pensait les déshériter si le roi d'Angleterre n'eût été là. Il fut très-bon troubadour (2) de sirventes et ne fit jamais que deux chansons, et le roi d'Aragon donna pour femmes les chansons de Guiraud de Borneil à ses sirventes ; et celui qui chantait pour lui avait nom Papiol. Et c'était (Bertrand de Born) un homme agréable et courtois, et il appelait *Rassa* le comte de Bretagne, et le roi d'Angleterre *Oui-et-Non* (3) et le jeune roi son fils *Marinier*. Et il avait un tel usage qu'il faisait sans cesse se mêler la guerre entre les barons, et il fit se brouiller le père et le fils d'Angleterre, jusqu'au jour où le jeune roi fut tué d'un carreau dans un château de Bertrand de Born (4). Et Bertrand de Born se vantait, disant qu'il pensait

---

(1) « Bertran de Born si fo de Lemozi, vescoms d'Autafort, quei avia prop de mil homes. Et avia fraires e cuiavals dezeretar, si no fos lo reis d'Anclaterra. Molt fo bon trobador de sirventes, et anc no fes chansos fors doas ; el reis d'Arago donet per moiller las chansos d'en Guiraut de Borneill a sos sirventes. Et aquel que cantava per el avia nom Pepiol. Et era azautz hom e cortes, et clamava Rassa lo comte de Bretanha, e lo rei d'Anclaterra Oc e No, el rei Jove son fill Marinier. Et avia aital uzatge c'ades fazia mesclar guerra entrels baros, e fes mesclar lo pair 'el fill d'Anclaterra tant entrol Jove rei fo mortz d'un cairel en un castel de Bertran de Born. E Bertran de Born sis vanava qu'el cuiava tan valer que ja no cuiava que totz sos sens l'agues mestier. E pueis lo reis lo pres, et quant l'ac pres, el li dic : « Bertran, auraus encara mestier totz vostre sens. » Et el respos qu'el avia tot son sen perdut quan lo rei Joves morit. Adonx si ploret lo reis de son fill, e perdonet li el vestit, e ill det terras et honors. E visquet longaamen el setgle, e pueis rendet se a l'orde de Sistel. » (Ms. de Paris, nᵒ 1749.)

(2) Il faudrait pouvoir dire « bon trouveur. »

(3) C'était Richard Cœur de Lion, frère du jeune roi, et non pas Henri II, son père, que Bertrand de Born appelait *Oui-et-Non*. (Voir la *razo* de la pièce *Al dous nou*.)

(4) Ce détail est inexact. Le jeune roi mourut de maladie à Martel.

tant valoir qu'il ne croyait jamais avoir besoin de tout son
sens. Et puis le roi le prit, et quand il l'eut pris, il lui dit :
Bertrand, c'est maintenant que vous avez besoin de tout votre
sens. Et il répondit qu'il avait perdu tout son sens quand le
jeune roi était mort. Alors le roi se mit à pleurer en pensant à
son fils, et il pardonna à Bertrand, lui rendit son château et lui
donna terres et honneurs. Et il vécut longuement dans le monde,
et puis il se retira dans l'Ordre de Cîteaux. »

On voit que, dans ces deux biographies, écrites fort peu de temps
après Bertrand de Born, il est uniquement question des instincts
belliqueux de notre auteur, et que pas un mot ne fait allusion
aux plans de sa prétendue politique.

Cependant l'amour des combats n'était pas seulement chez Bertrand de Born une passion, c'était aussi un intérêt, et c'est là
qu'on trouvera la véritable raison de son attitude si belli-
queuse. Il ne s'en cache pas d'ailleurs, et il n'avait point à s'en
cacher. Comme tous les petits seigneurs du moyen âge, il vivait
de la guerre. La paix a le grand tort, à ses yeux, de rendre les
barons avares. Au contraire, lorsque la trêve est rompue, on les
voit répandre l'or et l'argent pour entraîner les chevaliers à leur
suite. Cette idée est constamment exprimée dans les sirventes de
Bertrand. « Une cour sans dons n'est qu'un parc de barons, » etc.
Il semble même qu'on l'ait accusé d'être aux gages de Richard ;
car il s'en défend, mais à peine, et sans nier ses préférences pour
les barons généreux.

Faut-il chercher dans les relations personnelles de Bertrand de
Born avec la famille royale d'Angleterre un autre mobile de sa
conduite? Nous ne le croyons pas. Ces relations ont été fort exa-
gérées, et font encore partie de sa légende. On a fait de lui un
camarade d'enfance des jeunes princes d'Angleterre. Rien n'est
moins sûr. Cette amitié, en effet, n'est attestée par aucun document antérieur à l'intervention de Bertrand dans les affaires
politiques, et elle n'a très-probablement d'autre origine que
cette intervention même. On m'objectera les noms familiers que
le troubadour, dès le début, donne aux jeunes princes. Mais quoi?
N'arrive-t-il pas chaque jour que des princes ou des hommes
politiques sont désignés, par des gens qui ne les ont jamais vus,
sous des noms plus ou moins respectueux? Du reste ces noms de
Rassa, de *Oui-et-Non*, de *Marinier*, qui étaient peut-être des sobri-
quets populaires, n'offrent pour nous aucun sens assuré. On a vu
dans *Oui-et-Non* un reproche adressé à Richard Cœur de Lion,
ainsi accusé d'être indécis et inconstant, de dire tantôt oui et

tantôt non (1). Mais tel n'était point le caractère de Richard : c'est Philippe-Auguste que Bertrand, à tort ou à raison, accuse sans cesse d'hésitation. Ce surnom n'a donc pas la valeur qu'on lui prête, et les autres sont encore plus obscurs. On ne peut tirer d'eux aucune conclusion.

L'amour de Bertrand pour la fille de Henri II a contribué aussi beaucoup à répandre l'idée d'anciennes relations entre le troubadour et les princes d'Angleterre. On a cru que Bertrand de Born avait connu Mathilde avant son mariage, à la cour de son père. Mais nous avons montré que, selon toute vraisemblance, Bertrand ne vit Mathilde que beaucoup plus tard. Cet argument tombe donc de lui-même.

On peut d'ailleurs admettre sans difficulté — et on le doit jusqu'à preuve du contraire — que les rapports de Bertrand de Born avec Henri le Jeune eurent une origine politique, et ne sont antérieurs que de quelques années à la mort du jeune prince. Quant aux sentiments d'affection qui se développèrent si rapidement entre eux, et qui sont attestés par plusieurs poésies fort touchantes de Bertrand de Born, il est facile de s'en rendre compte : en effet, l'activité prodigieuse de Bertrand, son esprit d'intrigue, son grand talent de poëte faisaient de lui un allié puissant, que le jeune roi avait dû ne pas négliger. Et comment ne pas reconnaître qu'il y avait entre ces deux caractères, également généreux, francs, ouverts, chevaleresques, une ressemblance frappante et une sympathie forcée? Il est donc absolument inutile de recourir, pour expliquer cette amitié si naturelle, à des relations d'enfance que rien ne prouve.

Il nous reste à résumer brièvement les grands traits de la vie de Bertrand de Born, telle qu'elle résulte de cette étude. Nous le trouvons tout d'abord, vers 1175, en lutte avec son frère Constantin pour la possession du château d'Hautefort. Constantin ayant réclamé et obtenu l'appui de Richard, comte de Poitiers, et du vicomte de Limoges, Bertrand en conçut une vive irritation contre Richard, et n'eut pas de repos qu'il ne se fût vengé en lui suscitant des ennemis. L'occasion était favorable ; car les barons d'Aquitaine, qui avaient été abandonnés par Richard, après l'avoir soutenu dans sa lutte contre son père, en 1173, ne demandaient qu'à marcher contre lui. Bertrand de Born sut tirer parti de ces dispositions hostiles, et bientôt, grâce à lui, une ligue importante se constituait et la guerre éclatait. Mais Richard, après avoir pris

(1) Villemain.

les ordres de son père, frappa des coups rapides et vigoureux, et
put ainsi triompher en quelques mois de ses ennemis, qu'il envoya en Angleterre demander la paix à Henri II. Bertrand, abandonné de ses alliés, se résigna à faire, lui aussi, sa paix avec son
frère, et rentra à Hautefort aux mêmes conditions que précédemment. Puis il se consola de son inaction personnelle en chantant
la guerre que le comte de Toulouse faisait alors à la vicomtesse
de Narbonne.

Toutefois, cette politique et cette poésie d'intervention ne devaient pas le détourner longtemps de ses projets de vengeance :
car il n'était pas homme à se laisser abattre par un premier échec.
Il conçut alors l'idée de renverser Richard et de le remplacer, à la
tête de l'Aquitaine et du Poitou, par Henri le Jeune. Richard,
par sa conduite violente à l'égard de ses vassaux, par son attitude
arrogante à l'égard de son frère, fournissait des armes contre lui-
même. Bertrand en profita, et il réussit, vers 1181, à organiser
contre son ennemi une ligue beaucoup plus considérable que
celle de 1176. Le comte d'Angoulême, celui de Périgord, les vicomtes de Limoges, de Comborn, de Ventadour, beaucoup d'autres encore, en faisaient partie, et se réunirent à Limoges pour
donner à leur alliance la sanction solennelle d'un serment sur les
livres saints. En même temps, Bertrand de Born chassait de nouveau son frère d'Hautefort, afin d'occuper seul cette place importante et de pouvoir en disposer à son gré pendant la guerre. Il ne
s'agissait plus que de décider Henri le Jeune à prendre la direction des alliés. A cet effet, Bertrand de Born se rendit à Argenton,
où le roi d'Angleterre tenait alors sa cour. C'est là qu'il paraît
avoir vu pour la première fois la duchesse de Saxe, fille de
Henri II, qui lui fit le plus gracieux accueil. Mais le jeune roi
hésitait, et des concessions habiles de son père l'amenèrent même
à une transaction, qui lui valut le plus violent sirvente qu'ennemi
de Bertrand se soit jamais attiré. Tout semblait donc compromis,
lorsqu'un incident, sur lequel il est inutile de revenir, ralluma
la querelle entre Richard et Henri le Jeune. Celui-ci partit aussitôt pour le Midi, et la guerre fraternelle commença, sanglante et
implacable, sous les yeux de Henri II, réduit à l'impuissance.
On sait la part qu'y prit Bertrand de Born et comment elle fut
brusquement interrompue par la mort imprévue du jeune roi.
Désormais la défaite des barons d'Aquitaine était inévitable, et
Bertrand de Born, après s'être vaillamment défendu dans Hautefort, dut se rendre à discrétion.

Cette date de la prise d'Hautefort, — 6 juillet 1183, — divise

en deux parties bien distinctes la vie de Bertrand de Born : dans
la première, il était l'ennemi mortel de Richard ; dans la seconde,
il le soutient avec le même acharnement qu'il avait mis auparavant à le combattre. C'est ainsi qu'il sut reconnaître, après l'avoir
implorée, la générosité de son vainqueur.

Toutefois, quelques années s'écoulèrent avant qu'il prît part à
la lutte pour le compte de son nouvel ami. Pendant ce répit, il
trouva dans des succès d'un autre genre une consolation de ses
infortunes politiques. La belle Maënz de Montignac, l'une des trois
célèbres sœurs de Turenne, l'avait distingué, conquête d'autant
plus glorieuse qu'elle lui avait été disputée par les seigneurs et
les princes les plus puissants. Cependant une imprudence de
Bertrand faillit lui enlever l'amour de sa dame : il avait osé adresser un chant de bienvenue à la nouvelle vicomtesse de Comborn.
Le courroux de Maënz résista longtemps aux protestations et aux
flatteries du troubadour ; elle céda enfin aux bons offices d'une
noble dame qui avait refusé l'amour tardif de Bertrand, mais qui
lui avait offert son intervention.

Cette galante aventure n'enleva rien à Bertrand de Born de sa
passion pour les combats, ni de sa verve guerrière, qui allait trouver un nouvel aliment dans la lutte imminente entre le roi de
France et le roi d'Angleterre. Bertrand ne se contenta pas de chanter cette guerre, il la fit aussi un peu, moins cependant qu'il ne
l'eût voulu ; car il se plaint une fois de ne pouvoir, faute d'argent, aller guerroyer aux côtés de Richard. Mais il date de Normandie une autre de ses pièces, et une troisième fut composée
pendant une expédition militaire où il accompagnait Richard.
C'est alors qu'il eut l'occasion de voir plusieurs fois la duchesse
de Saxe, dont il n'avait pas oublié le courtois accueil à Argenton ;
et l'inconstant troubadour, reniant le souvenir de Maënz, mit aux
pieds de la sœur de Richard son plus ardent amour et ses plus
beaux vers. Quant aux sirventes politiques de la même époque,
ils sont tous consacrés soit à déplorer les trèves, soit à en célébrer
la rupture.

Après la mort de Henri II, l'avénement de Richard et la conclusion de la paix, Bertrand de Born, ne pouvant plus décider Philippe-Auguste et Richard à reprendre la guerre l'un contre l'autre, les excita vivement à aller se battre l'un et l'autre en terre
sainte contre les infidèles; mais il s'abstint de les y suivre. Pendant la captivité du roi d'Angleterre, il assista, impuissant, aux
empiétements de Philippe-Auguste et des barons d'Aquitaine. Il
put du moins les dénoncer à Richard, dès qu'il apprit son retour,

et il le fit avec une énergie qui prouverait, à elle seule, qu'il ne songeait guère à l'indépendance de l'Aquitaine.

Vers 1196, las des combats et de l'amour, il se retira au monastère de Dalon, situé tout près de son château d'Hautefort, et c'est sous l'habit religieux qu'il mourut dans les premières années du treizième siècle.

Ainsi, et pour conclure, Bertrand de Born exerça sur les hommes et les choses de son temps une influence toute personnelle et toute littéraire, qu'il ne dut point à sa puissance territoriale, mais simplement à son talent de poète et à la vivacité merveilleuse de son caractère. Il aimait la guerre par tempérament et par nécessité ; mais s'il en tirait profit, hâtons-nous de dire qu'il n'en faisait point métier. La première partie de sa vie fut dominée par un sentiment de vengeance : la seconde par un sentiment de reconnaissance : Richard fut l'objet, et le château d'Hautefort l'occasion de l'un et de l'autre.

APPENDICE

APPENDICE

Classement général des manuscrits de Bertrand de Born (1).

Huit manuscrits de la Bibliothèque nationale de Paris contiennent des poésies de Bertrand de Born. Ils portent les nᵒˢ 854, 856, 1592, 1749, 12473, 12474, 15211 et 22543.

Un plus grand nombre de manuscrits de notre troubadour sont aujourd'hui en Italie.

Ce sont :

A Rome, les manuscrits du *Vatican*, nᵒˢ 3205 et 5232.

  . — les manuscrits de la Bibliothèque Barberine, nᵒˢ *XLV*, 59 et *XLV*, 80.

  — le manuscrit de la Bibliothèque Chigi, nᵒ *L. IV*, 106.

A Florence, Bibliothèque Laurentienne, les manuscrits nᵒˢ *XLI-42*, *XLI-43* et *XC-26*.

  — Bibliothèque Riccardi, le manuscrit nᵒ 2981.

A Modène (Bibliothèque d'Este), le célèbre *Chansonnier provençal*.

A Milan, Bibliothèque Ambrosienne, les manuscrits R. 71 s. et 465.

A Venise, Bibliothèque Saint-Marc, le manuscrit nᵒ *XI*.

Il y avait, en outre, le manuscrit de la Bibliothèque Saibante de *Vérone*, nᵒ 410, manuscrit dont parle Sainte-Palaye dans ses volumes de collations conservés à la Bibliothèque de l'Arsenal. La bibliothèque Saibante a été dispersée depuis longtemps ; on en trouve encore des débris à la Bibliothèque capitulaire et à la Bibliothèque municipale de Vérone ; mais le manuscrit provençal signalé par Sainte-Palaye ne s'y rencontre pas. Nous pouvons nous consoler de la perte de ce manuscrit, par la certitude où nous sommes (2) que c'était une copie du manuscrit *Vatican*, nᵒ 5232.

Il y a enfin en Angleterre le manuscrit Mac-Carthy, maintenant à Cheltenham, Bibliothèque de Sir Thomas Phillipps, nᵒ 8335.

M. P. Meyer (3) a désigné par des lettres conventionnelles les divers manuscrits de troubadours. Comme nous allons être obligé, pour plus

---

(1) M. Gröber vient de publier (Romanische Studien, II, 9) un essai de classement de *tous* les manuscrits de troubadours. Mon travail étant beaucoup plus restreint, j'ai pu obtenir, dans les limites qui s'imposaient à moi, des résultats plus précis. Ce chapitre était d'ailleurs entièrement écrit quand a paru le classement de M. Gröber.

(2) Voyez *Revue critique*, 1867, II. 91.

(3) Bibliothèque de l'Ecole des Chartes, t. XXX, p. 255, en note.

de netteté dans notre classement, d'employer ces désignations, nous les reproduisons ci-après :

Paris	nᵒˢ	854	A'
—		856	B
—		1592	C
—		1749	D
—		12473	F
—		12474	G
—		15211	H
—		22543	I
Rome, Vatican		3205	J
— Vatican		5232	N
— Chigi	L. IV, 106		O
Florence, Laurentienne	XLI-42		P
— —	XLI-43		Q
— —	XC-26		R
Modène, d'Este			U
Venise, Marc	XI		V
Milan, Ambrosienne	R. 71, s		W
— —	465		X
Angleterre, Cheltenham	8335		Y

Restent sans désignations spéciales : le manuscrit de la Bibliothèque Riccardi et les deux manuscrits de la Bibliothèque Barberine (1).

Ces divers manuscrits ont été en grande partie collationnés par Sainte-Palaye, et ces collations forment une dizaine de manuscrits in-folio conservés à Paris, à la Bibliothèque de l'Arsenal; mais, outre qu'elles sont incomplètes, elles sont d'une confusion telle qu'il est impossible de s'en servir pour une édition.

Quant aux publications faites dans l'*Archiv* de Herrig par le docteur Grüzmacher, nous croyons pouvoir établir plus loin, par quelques exemples, qu'il n'était guère prudent de s'y fier entièrement : et d'ailleurs elles ne comprennent qu'un petit nombre de manuscrits. Les descriptions détaillées de l'*Archiv* ne suffisent même pas pour se faire une idée exacte du contenu de ces manuscrits.

Il était donc indispensable de voir les manuscrits eux-mêmes; c'est ce que nous avons fait.

Lorsque deux manuscrits se distinguent des autres par certaines particularités communes, il se présente deux hypothèses : ou bien l'un est la copie de l'autre, ou bien ils émanent l'un et l'autre d'un original commun. Pour décider entre les deux hypothèses, il faut souvent entrer dans l'examen minutieux du texte, ce que nous ne saurions

(1) Tous ces manuscrits ont été décrits, soit dans les catalogues de la Bibliothèque nationale, soit dans l'*Archiv* de Herrig.

faire ici, dans un essai de classement général. Nous devons donc adopter *a priori* un parti provisoire : le moins compromettant est celui qui admet un original commun. En conséquence, toutes les fois que deux manuscrits offriront des ressemblances importantes, et qu'il ne sera pas évident, de prime abord, que l'un est la copie de l'autre, nous leur supposerons, provisoirement, un original commun.

I

MANUSCRITS LES MOINS IMPORTANTS.

Les manuscrits P et R de la Bibliothèque Laurentienne.
Le manuscrit XLV, 59 de la Bibliothèque Barberine.
Le manuscrit W de la Bibliothèque Ambrosienne.

Parmi les manuscrits que nous avons énumérés, il en est trois qui ne sont pas, à proprement parler, des manuscrits de Bertrand de Born, chacun d'eux ne contenant qu'une pièce de ce troubadour et l'attribuant à un autre : ce sont les manuscrits P et R, et le manuscrit de la Bibliothèque Barberine XLV, 59. Nous allons d'abord en dire quelques mots.

Le manuscrit de la Bibliothèque Laurentienne, que nous désignons par la lettre P, est un manuscrit en parchemin, du commencement du quatorzième siècle. Il contient la pièce *Bem plaz le gai temps de paschor* (fol. 1), et l'attribue à Blanchacet. L'examen du texte nous a permis d'établir que le scribe de ce manuscrit a copié les divers couplets de *Bem plas* sur deux manuscrits appartenant à deux familles différentes (1).

Le ms. R est un manuscrit en papier, du quinzième siècle. Au folio 70 v°, il contient la pièce *Si tuch li dol el plor e marriment*, qu'il attribue à P. Vidal. Mais cette pièce est sûrement de Bertrand de Born; elle porte ce nom dans l'autre manuscrit qui la contient, et les allusions qu'elle renferme ne permettent pas de douter de cette attribution.

Le ms. XLV, 59, de la Bibliothèque Barberine, est un manuscrit en papier du dix-neuvième siècle, contenant la traduction en italien, par le bibliothécaire Plà, d'un certain nombre de pièces provençales, avec le texte en regard. On ne doit pas avoir toute confiance en ce manuscrit, l'auteur déclarant, dans sa préface, qu'il a adopté l'orthographe moderne dans le texte pour plus de clarté. Mais la même préface nous apprend que Plà possédait deux manuscrits provençaux, ce qui donne une importance particulière à son texte, bien qu'il en ait altéré la forme. La pièce de ce manuscrit qui nous intéresse est encore *Bem plai lo gai temps de Pascor*, attribuée ici à Lanfranc Sigala. L'identité d'attribution et des rapports de texte nombreux nous permettent de rapprocher ce manuscrit (pour cette pièce du moins) du manuscrit de Paris que nous désignons par la lettre B. On pourrait croire dès lors que le bibliothécaire Plà

(1) Voir notre chapitre des Poésies diverses.

a copié le ms. B; mais il signale dans son manuscrit original des lacunes qui n'existent pas dans le ms. B, ce qui rend cette hypothèse impossible, et ce qui augmente l'importance du manuscrit de la Bibliothèque Barberine, puisqu'il représente un manuscrit antérieur que nous n'avons plus.

Le ms. W de la Bibliothèque Ambrosienne n'offre aucun rapprochement intéressant. Il ne contient d'ailleurs que trois pièces de Bertrand de Born.

II

LE MANUSCRIT CHIGI (O) ET LES COPIES DE CE MANUSCRIT EN ITALIE. — LES MANUSCRITS DE PARIS A ET F.

Le manuscrit *Riccardi* de Florence et le manuscrit *X* de Milan sont des copies du ms. *O* de la Bibliothèque Chigi (1). Ils renferment tous les deux les mêmes pièces, dans le même ordre, et accompagnées des mêmes *razos*. Nous avions cru d'abord, d'après les descriptions de l'*Archiv* de Herrig, que le ms. *Riccardi* et le ms. X différaient du ms. O en ce que ni l'un ni l'autre ne contenait la pièce *Cazuts sui*. Mais l'examen des manuscrits nous permet de rectifier les descriptions de l'*Archiv* : la pièce *Cazuts sui* se trouve dans les manuscrits de Florence et de Milan ; mais elle n'a pas été remarquée par le docteur Grüzmacher, parce qu'elle n'est pas précédée, comme toutes les autres, de la rubrique *Bertrans de Born*, et qu'elle vient, sans séparation aucune, immédiatement après la pièce *Lo coms ma* : cette particularité est une ressemblance de plus avec le manuscrit Chigi, loin de constituer une différence. Les auteurs de nos deux manuscrits constatent d'ailleurs eux-mêmes leur communauté d'origine : l'un et l'autre déclarent avoir copié un chansonnier provençal appartenant à *Marcello Adriani*. Malgré cette déclaration peu équivoque, Sainte-Palaye prétend que le ms. Riccardi est plus complet que le ms. Chigi, dont il est cependant une copie : cette affirmation, contradictoire dans ses termes, vient probablement d'une fausse interprétation de la petite préface du ms. Riccardi, dans laquelle Pierre Simon raconte qu'après avoir fait copier le ms. de Marcello Adriani, il l'a soigneusement collationné; mais il ne l'a point complété. Du reste, la comparaison du ms. Riccardi et du ms. Chigi nous permet d'affirmer qu'ils sont identiques.

Il résulte de ces observations que le ms. O, actuellement dans la Bibliothèque Chigi, doit être l'ancien manuscrit de Marcello Adriani, bien qu'il ne porte aucune indication d'origine. Le ms. X et le ms. Riccardi en émanent, et l'on peut écrire :

$$\frac{O}{X,\ \text{ms. Riccardi.}}$$

(1) Cf. Stengel. *Die provenzalische Blumenlese der Biblioteca Chigiana.*

Le ms. 465 de l'Ambrosienne, que nous désignons par X, contient un certain nombre de manuscrits différents, dont la reliure constitue le seul lien. Outre la copie du ms. Chigi, dont nous venons de parler, et qui porte le n° 25, nous y trouvons, sous le n° 30, une courte biographie provençale de Bertrand de Born, et sous le n° 32 une table du ms. provençal de Mocenigo. Cette table, en ce qui concerne Bertrand de Born, reproduit exactement l'ordre suivi dans les manuscrits de Paris A et F.

Le ms. O de la Bibliothèque Chigi (n° actuel : L. IV, 106 ; ancien numéro 2348) est un des plus importants que nous possédions pour Bertrand de Born ; il est le seul des manuscrits originaux d'Italie qui contienne les *razos* des sirventes ; et son antiquité (fin du treizième siècle) le recommande à notre attention.

C'est un manuscrit en parchemin de 102 fol., relié en basane verte. Les pièces de Bertrand de Born y sont précédées d'une anthologie ; elles commencent au fol. 62 v°.

Les mss. A et F. de Paris étant les seuls, avec le ms. Chigi, qui contiennent les *razos* des sirventes, il est intéressant de rapprocher ces trois manuscrits entre eux. Les ms. A et F contiennent 37 pièces de Bertrand de Born, et, dans l'un et l'autre, la première de ces pièces qui soit accompagnée d'une *razo* est la 19e. Voici, à partir de cette 19e, l'ordre des poésies de Bertrand dans les mss. A et F, et, en face, l'ordre du ms. Chigi :

Mss. A et F.	Ms. O.
19. Ges eu nom.	1. Ges eu nom.
20. Non puosc mudar.	2. Non posc mudar.
21. Puois als barons.	3. Pos als baros.
22. Al dous nou.	4. Al dolz nou.
23. Cant vei pels.	5. Quam vei per.
24. Puois Ventadorns.	6. Pos Ventadorns.
25. Puois lo gens.	7. Pos lo gens.
26. Un sirventes que motz.	8. Un sirventes cui motz.
27. Un sirventes nom cal.	9. Dun sirventes nom cal.
28. Ges de disnar.	12. Ges de disnar.
29. Domna pois.	13. Dompna pos.
30. Eu mescondisc.	14. A Lemozin.
31. Ai Lemozis.	15. Eu mescondisc.
32. Sabrils e foillas.	16. Sabrils e foillas.
33. Rassa tan creis.	17. Rassa tan creis.
34. Mon chan fenis.	18. Quan vei lo temps.
35. Ges de far.	19. Ges de far.
36. Quan la novella flor.	20. Mos chantz fenis.
37. Quan vei lo temps.	

Les pièces 10 et 11 du ms. O sont : *Ben volgra reis fos devis*, qui se trouve parmi les 18 premières des mss. A, F, et *Quan la floretta*, qui est la 36e des mss. A, F. Le ms. O contient 4 pièces de plus (21 à 25), qui se trouvent toutes parmi les 18 premières de A, F : elles n'ont plus de *razos* explicatives.

Les petites différences d'ordre s'expliquent facilement. La pièce *A Le-mozin* est intercalée dans la *razo* du sirvente *Eu mescondisc* ; or, les *ra-zos* précèdent les pièces dans le ms. O, et les suivent au contraire dans les mss. A, F : de là l'interversion des deux pièces dans les listes ci-dessus. La pièce *Quan vei lo temps* est placée d'une façon plus naturelle dans les mss. A, F que dans le ms. O, puisqu'elle est du fils de Ber-trand de Born, comme le constate la *razo* qui l'accompagne. La 10e pièce du ms. O a été négligée par les copistes de A, F, parce qu'ils l'avaient déjà copiée précédemment, d'après une autre source selon toute vrai-semblance ; et la 11e, passée par mégarde, a été reportée à la fin, immé-diatement avant la pièce de Bertrand le fils. Nous raisonnons ici dans l'hypothèse, non pas d'une copie du ms. O par les auteurs de A, F, mais d'un original commun dont O reproduit l'ordre. En désignant par Ac et Fc les 19 dernières pièces des mss. A et F, par *ac* l'original commun des mss. A et F, et par *x* l'original commun de A, de F et de O, nous pour-rons donc résumer ces rapprochements par la formule :

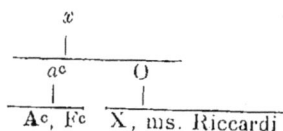

$$
\begin{array}{c}
x \\
| \\
\hline
\end{array}
$$

$$
a^c \qquad O
$$

$$
A^c, F^c \quad X, \text{ ms. Riccardi}
$$

Nous supposons que le manuscrit O reproduit plus exactement l'ordre du manuscrit *x* que les manuscrits A, F, pour deux raisons principales : 1º parce que l'interversion de l'ordre primitif s'explique plus facilement en admettant cette hypothèse, comme nous croyons l'avoir démontré, et 2º parce que les manuscrits A et F ont évidemment changé l'ordre du manuscrit primitif en ce qui concerne les *razos*, dont chacune annonce la pièce qu'elle explique, ce qui prouve qu'elle doit être placée avant, tandis que les manuscrits A, F ont adopté l'ordre inverse.

Le ms. XLV, 80, de la Barberine, est un manuscrit en papier du com-mencement du dix-septième siècle, contenant : *Alcuni canzoni proven-zali fatti n l 1200 incirca per la ricuperazione del santo sepolcro, con due grammatiche d'll'istessa lingua*. Nous y trouvons une courte biographie de Bertrand de Born (fol. 25), et (fol. 27) la pièce *Ara sai eu de prez qals las plus gran*, que l'auteur du manuscrit attribue à un incertain, bien qu'il l'ait trouvée parmi les pièces de Bertrand de Born. Il y a en outre, au fol. 26, la pièce *Nostre seigner somonis*.

Le texte de ces deux pièces est absolument identique dans le manus-crit de la Barberine et dans le manuscrit Chigi, où elles se suivent d'ail-leurs. Nous pouvons en conclure que le ms. de la Barberine est une

copie du ms. Chigi. Nous ajouterons que c'est probablement une copie
directe, sans l'intermédiaire d'un autre manuscrit tel que le ms. Riccardi; car elle reproduit fidèlement certaines particularités orthographi-
ques du ms. O, par exemple *filips*, au lieu de *phelips* que donne le ms.
Riccardi, etc.

III

LES MANUSCRITS DU VATICAN ET CELUI DE MODÈNE. — NOUVEAU RAPPROCHE-
MENT AVEC LES MANUSCRITS A ET F DE PARIS.

Le ms. J du Vatican contient le même nombre de pièces de Bertrand
de Born, et dans le même ordre, que le ms. G de Paris; et tous les phi-
lologues qui ont eu occasion de parler de ces deux manuscrits considè-
rent celui du Vatican comme une copie de celui de Paris. Nous avions
eu quelques doutes sur ce point en lisant la description du manuscrit du
Vatican dans l'*Archiv* de Herrig (t. XXXV, p. 94 et 95): les premiers vers
donnés par cette description différaient très-sensiblement des premiers
vers du manuscrit de Paris, et étaient absolument défigurés. Mais, depuis,
nous avons pu nous convaincre que ces grosses fautes de lecture étaient
imputables, non à l'auteur du ms. Vatican, mais au collationneur de l'*Archiv*, qui imprime par exemple Montz *senemes* quand le manuscrit porte
Mantz *serventes*.

Le précieux ms. N du Vatican est un manuscrit en parchemin, du
treizième siècle. Il contient vingt-six pièces de Bertrand de Born (fol. 189
— fol. 197), précédées d'une miniature qui représente le troubadour avec
ses armes : levrette d'argent sur azur, telles que les indique le P. An-
selme. Bartsch, dans son *Grundriss* (p. 27), affirme que le ms. C de Paris est écrit par le même scribe que le ms. N du Vatican, et l'on est
frappé en effet de la ressemblance des écritures, ressemblance que l'on
peut facilement constater en se reportant au 2e volume du *Choix* de
Raynouard, où l'on trouve, sous les nos 4 de la planche 3, et 5 de la
planche 4, des *fac-simile* des deux manuscrits. D'un autre côté, les huit
pièces de Bertrand de Born contenues dans le ms. C se trouvent également dans le ms. N et correspondent dans le même ordre aux pièces 2,
3, 8, 11, 19, 20, 25 et 26 de ce manuscrit. — En désignant par *n* le manuscrit original, nous nous demanderons si le scribe s'est servi, pour
écrire le ms. C, de sa première copie N ou de l'original *n*. La question
est importante, parce que, dans le premier cas, nous n'aurons à tenir
aucun compte du ms. C; tandis que, dans le second, il pourra nous fournir de meilleures lectures que le ms. N. Le 1er vers de la 5e strophe du
sirvente *Pois lo gens* nous apporte la preuve évidente que c'est la seconde hypothèse qu'il faut adopter.

En effet, le ms. N donne : Lo bons reis Garsia *Arabitz*.

     et le ms. C   : Lo bons reis Garsia *Ramitz*.

C'est donc le ms. C qui a la bonne leçon : or, il est évident que si le

scribe avait copié sur le ms. N, ayant sous les yeux la mauvaise lecture
de ce manuscrit, il n'eût pas spontanément retrouvé la bonne.

On a donc à tenir compte du manuscrit C, et nous pouvons écrire :

$$\frac{\overset{n}{\mid}}{\overline{\text{N, C}}}$$

Il est un autre manuscrit dont le rapprochement avec le ms. N. est
plus intéressant encore. C'est celui de Modène. Ce manuscrit se compose de trois manuscrits distincts, dont le troisième est en papier; nous
désignerons ces trois subdivisions par U^a, U^b et U^c.

C'est le ms. U^a, du treizième siècle, que nous avons d'abord à rapprocher du ms. N. Pour mettre plus de clarté dans notre exposition,
nous dresserons d'abord un tableau comparatif de l'ordre suivi dans les
deux manuscrits pour les pièces de Bertrand de Born.

Ms. C.	Ms. N.		Ms. U^c
	1. Ges eu nom.		
1	2. Dompna puois.		
2	3. Mon chant fenisc.		
	4. Ges de far.		
	5. Rassa tant.		
	6. Un sirventes on motz.		
	7. Tortz e gerras.		
3	8. Cazuts sui.		
	9. Pois Ventadorns.		
	10. Quan la novella.	1. Quan la novella.	2. Ges de far (4 d'N).
4	11. Sabrils e fuoillas.	3. Sabrils e fuoillas.	
	12. Lo coms ma.	4. Lo coms m'a.	
	13. Molt m'es dissendre.	5. Molt mes dissendre.	
	14. Bem platz car.	6. Bem platz car.	
	15. Passa mes.	7. Rassa mes.	
	16. Non puosc mudar.	8. Non puosc mudar.	9. Ges eu nom (1 d'N).
	17. Seigner en coms.	10. Seigner en coms.	11. Cazuts sui (8 d'N).
	18. Ges de disnar (22 d'U^a).		12. Puois als baros (25 d'N)
5	19. Pois vei lo temps	16. Pois vei lo temps.	13. Eu mescondisc (26 d'N).
6	20. Puis lo gens.	17. Puois lo gens.	14. Rassa tant (5 d'N).
	21. Quan vei pels.	18. Quant vei pels.	15. Mon chan fenis (3 d'N).
	22. Dun sirventes nom cal.	20. D'un sirventes nom cal.	
	23. Al nou doutz.	21. Al nou dous.	22. Ges de disnar (18 d'N).
	24. Ar ven la.	25. Ar vei la.	23. Puois Ventadorns (9 d'N)
7	25. Pois als baros (12 d'U^a).		24. Domna pois (2 d'N).
8	26. Eu mescondisc (13 d'U^a).		
	. . . .	. . . .	
9	27. Bem plai lo gais.	26. Bem platz lo dols.	

Il me parait évident que le scribe du ms. N, à partir de la 10e pièce,
a eu sous les yeux un manuscrit où les sirventes étaient rangés dans le
même ordre que dans U^a. Appelons y ce manuscrit. Le système du
copiste a été alors de copier toutes les pièces d'y, en sautant naturelle-

ment celles qui se trouvaient déjà parmi les neuf premières déjà trans-
crites par lui. Après avoir copié la 10e pièce du ms. *y*, le scribe a sans
doute tourné plusieurs feuillets à la fois, et s'est mis à copier la 22e pièce.
S'apercevant de son erreur, il est revenu sur ses pas et a repris la
suite de sa copie à peu près à l'endroit où il l'avait laissée, mais en
oubliant encore deux pièces, les 12e et 13e. Après avoir épuisé le ms. *y*,
le copiste a comparé sa copie avec l'original, et c'est alors que, constatant l'omission des pièces 12 et 13, il les a ajoutées à la fin. Telle est
l'explication qui nous paraît la plus vraisemblable, de la similitude d'ordre entre les mss. N et Uª.

Un exemple frappant d'une copie absolument analogue dans ses pro-
cédés nous est fourni par Sainte-Palaye dans ses traductions manuscri-
tes de Bertrand de Born. Il commence par traduire, au hasard, des
pièces qu'il prend *passim* dans le ms. B. Puis, de la 6e pièce à la 12e, il
suit le ms. C. L'ayant épuisé, il commence à traduire le ms. A, qu'il
suit avec la même fidélité, mais en sautant naturellement les pièces qu'il
a déjà traduites alors qu'il procédait sans ordre ou qu'il suivait le ms. C.

Nous croyons cet exemple très-concluant. Si le copiste d'N avait indiqué ses sources comme le fait Sainte-Palaye, ces indications seraient
très-probablement conformes à notre hypothèse.

Ce qui achève de compléter la ressemblance entre les mss. N et Uª,
c'est que tous les deux contiennent aussi la pièce *Bem plats lo dols
temps*, qu'ils attribuent l'un et l'autre à Guillem de San-Gregori. Quant
aux neuf autres pièces de N, nous remarquerons seulement que les six
premières ont un certain rapport d'ordre avec le ms. O. Elles correspondent en effet aux pièces 1, 16, 25, [23, 21, 9, de ce manuscrit. Mais
ce rapport est de trop peu d'importance pour qu'il soit possible de rien
affirmer. On peut remarquer encore que les neuf premières pièces d'N
sont également contenues dans Uª, comme les suivantes, mais *passim*:
la septième, *Tortz e gerras*, manque seule. — Nous distinguons donc
deux parties dans le ms. N, la première composée de neuf pièces, sur la
provenance de laquelle nous ne pouvons rien affirmer *à priori*, et la
seconde, qui provient sûrement du même manuscrit qu'Uª.

Nous désignerons ces deux parties par Nª et Nᵇ, et nous pourrons

écrire :
$$\frac{y}{\text{U}^\text{a}, \text{N}^\text{b}}$$

Nous n'avons rien à dire de la seconde partie du manuscrit de Modène
(Uᵇ), qui ne se compose, pour Bertrand de Born, que de courts extraits.

Quant à la troisième partie Uᶜ, elle contient onze pièces de Bertrand de Born, dont aucune ne se trouve dans les vingt-cinq d'Uª.
Cette remarque nous conduit à supposer que le scribe *du manuscrit
dont émane Uᶜ* a eu sous les yeux deux manuscrits, l'un contenant ces
onze pièces et tout ou partie des vingt-cinq d'Uª, l'autre étant Uª lui-
même ou un autre manuscrit de même contenance. Le copiste se serait
alors attaché à ne prendre dans le premier manuscrit que des pièces ne

figurant pas dans le second. Sans cette supposition, il serait bien étrange qu'aucune des onze pièces d'U^c ne se retrouvât dans U^a. — Nous disons : *le scribe du manuscrit dont émane U^c*. Ce ne peut être en effet le copiste d'U^c lui-même ; car U^c est du seizième siècle, et ces onze pièces se retrouvent, avec le même ordre, dans le ms. A, qui est du treizième.

Nous sommes ainsi amenés à rapprocher du manuscrit de Modène le manuscrit de Paris que nous désignons par A, et que nous avons déjà rapproché partiellement du manuscrit Chigi. Voici l'ordre des dix-huit premières pièces contenues dans ce manuscrit, avec l'indication des numéros d'ordre des mêmes pièces dans les diverses parties du manuscrit de Modène :

Mss. A, F :	Ms. U^a :	Ms. A, F :	Mss. U^c :
1. Lo coms m'a.	4	8. Ara sai eu.	1
2. Molt mes descendre.	5	9. Un sirventes fatz.	2
3. Bem platz quar.	6	10. Nostre seigner.	3
4. Rassa mes.	7	11. Geire pantais.	4
5. Seigner en coms.	10	12. Bem platz lo dous.	5
6. Cazutz sui.	11	13. Sel qui camja.	6
7. Ar ven la.	25	14. Gent part.	7
		15. A tornar m'er.	8
		16. Anc nos poc.	9
		17. Orz e gestas.	10
		18. Volontiers.	11

D'après ces tableaux, nous voyons qu'il y a deux parties distinctes dans les dix-huit premières pièces d'AF, l'une contenant sept pièces et l'autre onze ; nous désignerons la première partie par A^a, F^a, et la seconde par A^b, F^b. Nous avons déjà indiqué dans ces mêmes manuscrits une troisième partie (p. 114, : A^c, F^c. En désignant par a le manuscrit d'où émanent A et F, nous aurons également : a^a, a^b, a^c.

Il est évident que les parties a^a, A^a, F^a des mss. a, A, F, viennent du même manuscrit original que la partie U^a du manuscrit de Modène, et comme nous avons déjà désigné ce manuscrit original par y, nous pouvons écrire :

$$\frac{y}{\overline{N^b, \quad U^a, \quad a^a}}$$
$$\frac{}{\overline{A^a, F^a}}$$

Nous pouvons compléter encore cette formule en nous rappelant (voir p. 116) que les mss. N et C viennent l'un et l'autre d'un ms. n. Nous aurons alors :

$$\frac{y}{\overline{U^a, \quad n^b, \quad a^a}}$$
$$\overline{N^b, C^b} \quad \overline{A^a, F^a}$$

Après avoir copié les pièces 4, 5, 6, 7 du manuscrit *y*, le scribe d'*a* parait avoir eu, en outre, sous les yeux le manuscrit original du ms. Chigi, que nous désignons par *x*, et avoir passé à dessein les pièces d'*y* qui étaient également contenues dans *x*, parce qu'il se proposait de recopier intégralement *x* plus loin. En effet, il passe les pièces 8 et 9, puis 12-25 du ms. *y*, toutes contenues dans *x*, et il copie au contraire les pièces 10 et 25 qui ne sont pas dans ce manuscrit. On peut se rendre compte de ces détails en se reportant à nos tableaux comparatifs des pages 113 et 118, et en se rappelant que le ms. U^a représente l'ordre du manuscrit primitif *y*, et le ms. O l'ordre du manuscrit primitif *x*.

Nous avons rapproché A^a et F^a d'*y* et d'U^a plutôt que d'N^b, parce que, si les cinq premières pièces d'A correspondent aux pièces 12, 13, 14, 15 et 17 d'N^b, il faut ensuite remonter à la sixième d'N, au lieu de passer à la suivante comme dans la comparaison avec U^a.

Quant aux parties a^b, A^b, F^b des manuscrits a, A, F, elles contiennent précisément, et dans le même ordre, comme nous venons de le voir, les onze pièces du ms. U^c. Nous avons donc :

$$\frac{a^b}{A^b,\ F^b,\ U^c}$$

Cependant U^c me parait être l'oncle d'A^b et d'F^b plutôt que leur frère. On ne s'expliquerait guère, en effet, par quel hasard le copiste d'U^c aurait précisément commencé à copier *a* à l'endroit même où le copiste d'*a* avait changé le manuscrit qui lui servait de modèle. Nous admettrons donc un ms. *d*, source commune d'a^b et d'U^c, et nous aurons :

$$\frac{d}{U^c \qquad a^b}$$
$$\frac{}{A^b,\ F^b}$$

IV

LE MANUSCRIT DE VENISE ET LE MANUSCRIT XLI-43 DE LA LAURENTIENNE DE FLORENCE.

Le ms. V de Venise est un manuscrit en parchemin de 183 millim. sur 134 ; il est du treizième siècle. En principe, il ne contenait pas de pièces de Bertrand de Born ; mais une main postérieure en a ajouté un certain nombre dans quelques espaces blancs laissés par le premier copiste. Les pièces de Bertrand de Born, comme le reste du manuscrit, ont été publiées dans le 36e vol. de l'*Archiv* (p. 379-455) ; mais cette publication est incomplète : il y manque la pièce *Can vei pres*, et *Bem plats lo dous temps* presque en entier. Les singulières lectures de l'*Archiv* pour le ms. J du Vatican ne permettent pas d'ailleurs de se fier entièrement aux publications contenues dans ce recueil.

Voici l'ordre des pièces de Bertrand de Born que l'on trouve dans le ms. V ; nous plaçons en regard les numéros d'ordre de ces mêmes pièces dans le ms. Q de Florence, dont nous allons parler :

Ms. V :	Ms. Q :
1. Non puesc mudar.	2.
2. Mout m'es disendre.	3.
3. Sabrils foillas.	4.
4. Pos als baros.	5.
5. Bem platz lo.	1.

Le ms. V contient de plus que le ms. Q la seule pièce *Can vei pels*, qui vient la 6e.

On voit qu'il y a un rapport très-direct de contenance et d'ordre entre ces deux manuscrits. De plus, l'un et l'autre attribuent la pièce *Bom platz lo dolz temps* à Blancazim. Nous admettrons donc un manuscrit *v*, source commune de Q et de V, et nous aurons :

$$\dfrac{v}{Q,\ V}$$

Cette ressemblance entre les deux manuscrits a permis à M. Grüzmacher de publier moins témérairement, dans le 36e vol. de l'*Archiv*, le ms. V, qui est d'une lecture difficile, au moins dans la partie ajoutée par la seconde main ; le ms. Q avait été en effet publié dans le volume antérieur, et a pu guider pour la lecture du ms. V. L'emploi de ce procédé, que n'avoue pas l'*Archiv*, devient évident, si l'on remarque que les lacunes dans la publication du ms. V correspondent précisément à des lacunes dans le ms. Q, par exemple l'absence de la pièce *Can vei pels*. De même, si la pièce *Bem platz lo* n'est pas publiée en entier dans le 36e vol., c'est que le texte du ms. Q diffère beaucoup, pour cette pièce en particulier, du ms. V, si bien que l'on est obligé d'admettre, pour ce sirvente, un autre intermédiaire que le ms. *v* entre les deux manuscrits. Il était regrettable que la fin de la pièce *Bem platz lo* n'eût pas été publiée d'après le ms. V ; car elle contient précisément dans ce manuscrit une strophe de plus que dans tous les autres. Voici cette strophe :

> Amor vol drutz cavalcador
> Franc d'armas e larc de servir,
> Gen parlan e ben garnidor,
> Tal qe ben sapcha far e dir,
> E for e dinz son hostagie,
> Segon lo poder qe li es datz,
> E sia d'avinenz solatz,
> Cortes e d'agradatge :
> Adonc aital drutz viatz
> S'esmenda de totz sos pecatz.

En second lieu, bien que le ms. V attribue ce sirvente à Blancazim, il est le seul avec un manuscrit de Paris, le ms. H, à contenir un petit envoi recommandé à Papiol, jongleur de Bertrand de Born, envoi qui ne permet pas d'attribuer le sirvente à un autre troubadour (Voir notre chapitre des *Poésies diverses*).

Le ms. V se distingue entre tous par l'emploi d'un *x* doux à la place de l'*s* ou du *c* cédillé. Or, on sait que l'*x* doux est une particularité du dialecte vénitien. Il y a donc lieu de croire que le scribe du ms. V (1) était Vénitien, ou du moins celui du ms. *v*. Pour admettre cette dernière hypothèse, il faut trouver aussi des traces de l'*x* doux dans le ms. Q. On en rencontre, en effet, quoique beaucoup moins que dans le ms. V; on lit notamment *Coxenz* au 5e vers avant-dernier de la pièce *Sabrils foïllas*; presque partout ailleurs l'*x* doux est remplacé par un *c* cédillé, dont la fréquence dans le ms. Q étonne au premier abord. Le scribe du ms. *v* était donc Vénitien, et a laissé des traces de son dialecte dans sa copie : cette remarque n'est pas indifférente pour le degré d'autorité que l'on doit accorder aux variantes des ms. Q et V.

RÉSUMÉ.

La comparaison des manuscrits de Bertrand de Born nous a donc permis d'établir les généalogies suivantes :

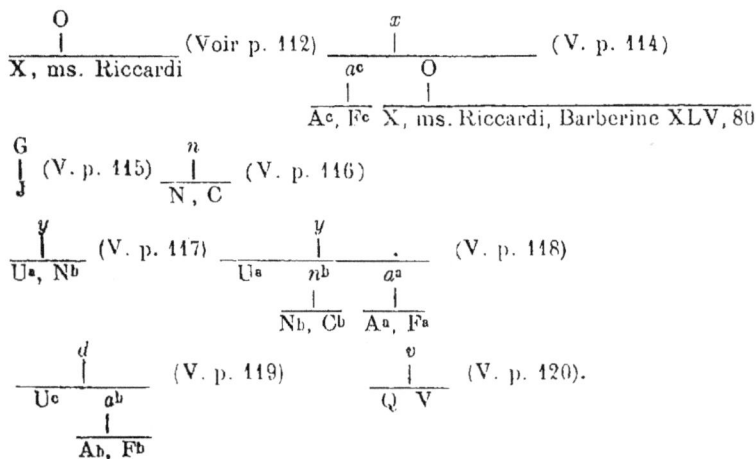

Nous donnons, à la page 110, l'explication des grandes lettres que nous employons; les petites lettres ont été introduites pour désigner les manuscrits primitifs perdus. Quant aux petites lettres indices, nous en

(1) Nous ne parlons naturellement que de la partie du manuscrit ajoutée par la seconde main, et contenant les pièces de Bertrand de Born.

avons expliqué, au fur et à mesure, la nécessité et la valeur. En voici, du reste, le tableau général :

A^a, F^a, a^a désignent les 7 premières pièces d'A, F, a.
A^b, F^b, a^b —   les pièces 8-18   —
A^c, F^c, a^c —   les pièces 19-37   —
U^a désigne les 26 pièces contenues dans la 1re partie du ms. U.
U^c —   les 11 pièces contenues dans la partie en papier du ms. U.
N^b —   les pièces 10-27 du ms. N.
C^b —   les pièces 4-9 du ms. C.

Il est impossible d'arriver à un classement général et unique de tous les manuscrits de Bertrand de Born, parce que chacun de ces manuscrits est composé, comme nous l'avons vu, d'après plusieurs originaux différents. C'est seulement dans les classements spéciaux pour chaque pièce prise en particulier, que l'on peut aboutir quelquefois à un type primitif d'où émanent tous les autres. Mais les classements spéciaux sont rendus plus faciles par les essais de classement général, qui permettent d'éliminer *à priori* un certain nombre de manuscrits, et d'en rejeter certains autres au second plan.

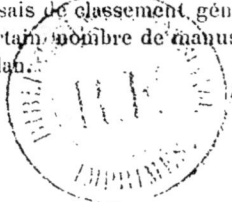

FIN DE L'APPENDICE.

TABLE DES MATIÈRES

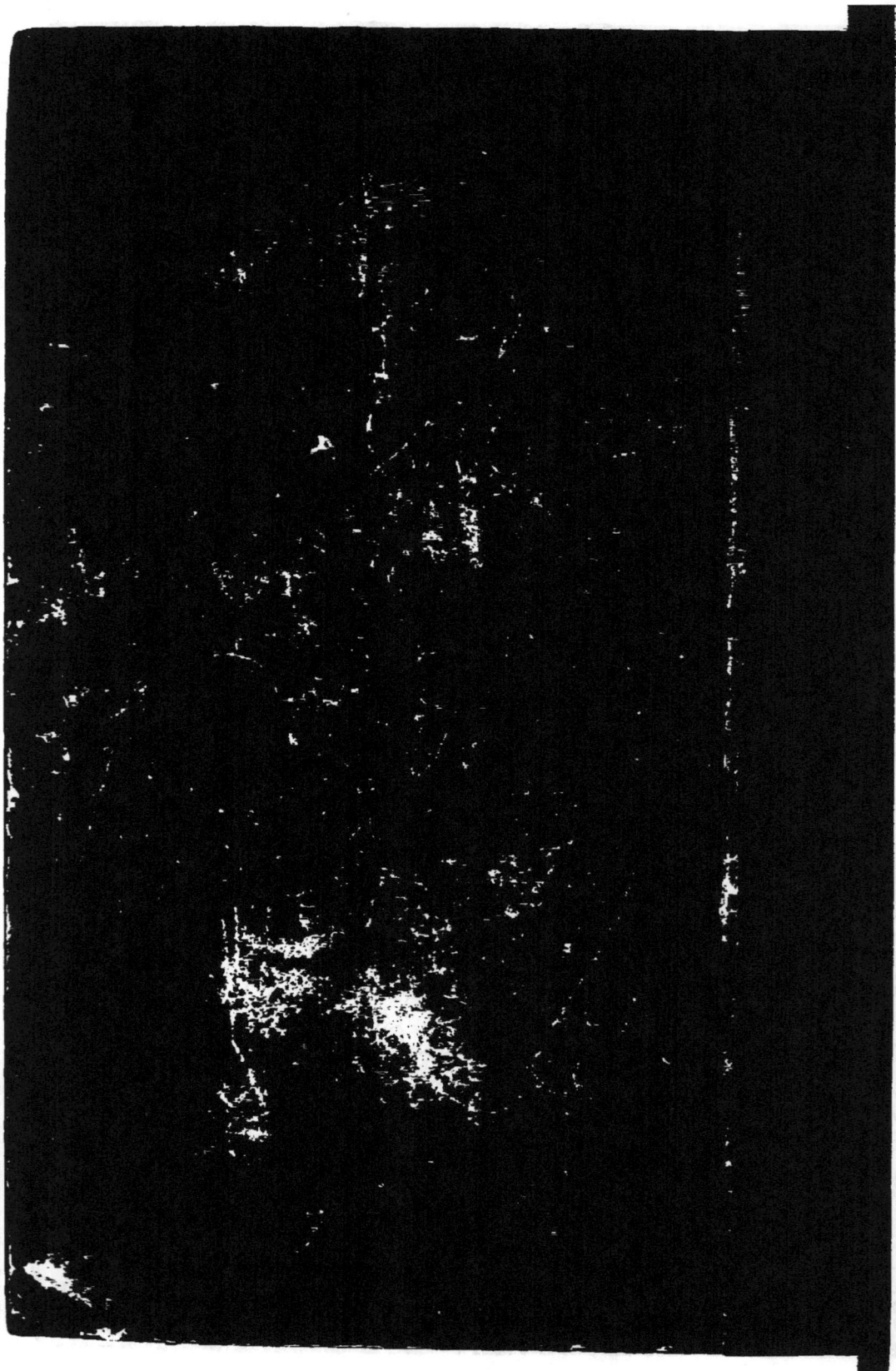

www.ingramcontent.com/pod-product-compliance
Lightning Source LLC
Chambersburg PA
CBHW060148100426
42744CB00007B/945